Z세대의 소비경제학

タイパの経済学

Z세대의 소비 경제학

히로세 료廣瀬 涼 지음
(주)애드리치 마케팅전략연구소 옮김

발간사

Gen Z가 옵니다.

우리는 지금 전례 없는 소비자와 마주하고 있습니다. 그들은 시간을 '돈'만큼이나 소중하게 여기며, 그 시간을 어떻게 사용하느냐가 곧 그들의 삶의 질을 결정짓습니다. Z세대는 단순히 상품을 선택하는 것이 아니라, 그들의 시간을 가장 가치 있게 사용할 수 있는 방법을 선택합니다. 바로 그들이 이야기하는 '타이퍼(Time Performance)'입니다.

이제는 더 이상 긴 광고, 지루한 설명이 통하지 않습니다. Z세대는 영화 전체를 다 보는 데 시간을 할애하지 않고 중요한 장면만 골라보고, 빠르게 결론을 얻습니다. 유튜브 배속 시청도 그렇죠. 그들이 원하는 것은 '핵심'입니다. 그리고 그 핵심을 가장 짧은 시간에, 가장 임팩트 있게 전달하는 것이 바로 마케팅과 광고의 새로운 과제가 되었습니다.

배달 앱을 통해 음식을 주문하면 곧바로 배달을 받고, 스타벅스의 사이렌 오더를 통해 매장에서 기다리지 않고 음료를 받아 가며, 넷플릭스나 웨이브 같은 VOD 서비스를 통해 자신이 원하는 시간에 원하는 콘텐츠를 배속 시청하여 빠르게 소비합니다. 이처럼 Z세대는 그들의 삶 속에서 시간을 최소화하면서도 만족은 최대화할 수 있는 방식을 적극적으로 선택하고 있습니다. 브랜드가 그들의 시간을 어떻게 절약해 줄 수 있는지가 곧 브랜드의 가치가 됩니다.

그리고 이 과정에서 AI는 핵심적인 역할을 하고 있습니다. 인공지능은 Z세대의 소비 패턴을 분석하고, 그들이 원하는 순간에 맞춤형 경험을 제공합니다. 소비자가 무엇을 원하는지, 언제 원하는지 미리 알고 준비하는 브랜드만이 그들의 선택을 받을 수 있습니다. 이미 많은 글로벌 브랜드들이 인공지능을 통해 Z세대의 시간을 존중하는 맞춤형 솔루션을 제공하며 그들의 마음을 사로 잡고 있습니다.

타이퍼와 인공지능의 만남은 그 어느 때보다 강력합니다. Z세대가 추구하는 시간 가치를 충족시키는 것은 이제 광고와 마케팅의 가장 절실한 도전입니다. 그들은 더 빠르고, 더 정확한 메시지를 요구하며, 우리는 그들의 속도에 맞게 즉각적으로 반응할 준비를 갖춰야 합니다. 이 책은 Z세대의 소비 트렌드와 인공지능 기술이 어떻게 이 시대를 재편하고 있는지 혁신적인 통찰로 탐구합니다.

2024년, Z세대의 소비경제학, 그들의 시간을 사로 잡는 브랜드만이 미래의 주도권을 쥐게 될 것입니다.

애드리치 대표이사

은명희

들어가며

    국어사전을 만드는 출판사 산세이도(三省堂)가 발표하는 "사전 편찬자가 선정하는 올해의 신조어 2022"에서 베스트 10 가운데 대상으로 '들인 시간 대비 효과'를 의미하는 '만족도'와 '시간의 효율'을 의미하는 '타이퍼'가 선정되었다.

    이러한 선정의 계기는 2021년, 몰아보기 영화(스포일러를 포함해서 요약 편집한 동영상)를 업로드한 계정 주인이 체포되었던 사건이 아니었을까 싶다.

    사람들은 어째서 위법성이 있는 몰아보기 영화를 소비하는 것일까. 미디어가 그 배경을 살펴보는 과정에서 '타이퍼'(일본식 합성어: 타임time＋퍼포먼스performance)라는 키워드에 주안점을 두고, 효율성을 각별하게 추구하는 젊은 세대의 소비 행동은 그 이전 세대와 비교하면 '타이퍼' 추구형이라고 할 수 있다는 문맥에서 이를 사용하게 되었다.

    이제 '타이퍼'는 흔히 들을 수 있는 말로 인지되어 완전히 정착했다.

    사실, 2022년 4월에 작가 이나다 도요시(稲田豊史)가 쓴 『영화를 빨리 감기로 보는 사람들: 패스트 무비의 스포일러─콘텐츠 소비의 현재형(映畫を

早送りで観る人たち: ファスト映画一ネタバレ一コンテンツ消費の現在形)』[한국어판『영화를 빨리 감기로 보는 사람들 가성비의 시대가 불러온 콘텐츠 트렌드의 거대한 변화』(현대지성, 2022)−옮긴이 쥐가 출판되면서 타이퍼라는 개념은 이미 충분히 논의되어, 필자가 이 책의 집필을 제시 받은 때에는 이제 와서 이 주제를 다루는 것이 의미가 있는가 싶었던 느낌도 부정할 수 없다. 무엇보다 책이 타이퍼 개념에 역행하는 매체이기도 하고, 타이퍼를 배우는 데 있어서 가장 나쁜 수단이라고 생각하기 때문이기도 했다.

그렇지만 타이퍼라는 말이 대중화되면서 이 말의 의미가 다소 애매하게 사용되고 있는 현상 또한 인식하고 있다. 효율성을 추구한다는 측면에서 본다면 지금으로부터 10년 이상 전에 유행한 코스퍼(가성비)의 개념과 겹치는 부분이 많으며, 양자가 혼동되는 경우도 종종 있다.

필자가 대학생이었던 2010년경, 이사업체의 광고에서 배우 우에토 아야(上戸彩)가 "코스퍼로 고르는 거야?"라는 광고에 출연했는데, 당시 많은 대학생들이 무슨 일을 하든 코스퍼라고 입버릇처럼 말하던 것을 기억하는 독자들도 있을 것이다.

코스퍼는 '코스트(cost)＋퍼포먼스(performance)'를 가리킨다. 지불한 비용(코스트)과 그것을 통해 얻은 효과(퍼포먼스)를 주관적으로 비교했을 때, 저렴한 비용으로 높은 효과를 얻은 경우 '코스퍼가 좋다(높다)'고 말할 수 있다. 2010년경의 대학생들은 가능한 한 싸고, 가능한 한 오래 술을 마실 수 있는 이자카야의 노미호다이(飲み放題, 일정 시간 내 무제한으로 술을 시킬 수 있는 시스템−옮긴이 주) 요금과 비교하면서 '코스퍼'라는 말을 자주 쓰곤 한 것 같다.

현재는 코스퍼라는 말이 대낮의 와이드 쇼와 광고에도 쉽게 등장하지만,

상품 구매 시 가격을 축으로 소비 결정을 내리는 행동은, 가격경쟁이 존재하는 시장에서는 누군가가 시키지 않아도 소비자들이 수행하는 작업이다. 코스퍼는 이 용어가 생겨나기 이전부터 존재한 합리적인 소비 행동이었던 것이다.

그렇다면 어째서 지금, 소비자도 제공하는 공급자도 코스퍼를 군이 일부러 의식해야 하는 것일까. 그것은 소비자가 소비를 할 때 우선순위로서 가격을 중시할 수밖에 없는 상황이 지속되고 있기 때문이다.

버블 붕괴 이후, 경기는 아래로만 향하고, 소득은 상승하지 않았음에도, 물가는 상승하고 세금은 증가하기만 하면서 쓸 수 있는 금액에 여유가 없어졌다. 그러나 그러한 힘든 상황에서도 생활을 영위하는 사람들은 어떤 저항도 할 수 없었다. 스스로 급여를 올릴 수도 없고, 물가와 세금을 조정할 수 있는 것도 아니기 때문이다.(선거에서 이러한 문제 해결을 공약으로 내세우는 후보자에게 투표하는 방법은 있겠지만 말이다.)

그러한 가운데 소비자의 소비를 환기시켜 온 존재가 저가격대의 소매점과 디스카운트 스토어이다. 100엔숍을 떠올려 보기 바란다. 지금으로부터 30년 전, 일상생활에서 100엔숍을 찾아볼 수 있었던가?

싸구려이고 저품질일 것이라고 생각했던 100엔숍의 상품들도 대부분 어느 정도 만족할 수 있는 것들이 많은 편이다. 이러한 변화를 믿을 수 있겠는가? 옛날 같았으면 해당 거리의 경관(이미지)을 망친다는 말을 들었을 텐데, 긴자나, 도쿄 디즈니 리조트 내의 익스피리어(대형 복합 상업 시설)에까지 100엔숍이 출점하고 있는 것이다.

대중 소비사회를 맞이하면서 소유에 중점이 맞춰졌던 1950년대 후반 이후의 '물건을 소비하는 시대'와 구입한 상품의 품질을 브랜드명으로 판단했던 1980년대 '기호 소비의 시대'에는 고가격이 상품을 고르는 요인이 되기도 했었다. 그러나 몇 십년 만에 그런 생각은 크게 변해서, '할 수만 있으면 최대한 낮은 코스트로 끝내자'라고 하는 코스트 중시 소비 행동이 당연하다는 인식이 우리의 소비 행위를 지배하고 있다.

이러한 가치관 아래 도매형 슈퍼나 코스트코처럼 대량 구입으로 가격이 저렴해지는 효과를 얻는 디스카운트 스토어가 주목 받고 있다.

'어차피 쓸 물건들이니 많아도 괜찮다', '간만에 사는 거라면 가능한 한 싸게 사는 게 좋지'와 같은 소비자의 니즈를 양쪽 다 만족시킬 수 있는 이러한 점포들은 '보통 가게에서 사는 것보다 많이 들어 있는데 가격이 싸다'라고 하는 부가가치(여기서는 대용량)가 차별화의 요소인 것이다.

이러한 소비자의 본심이 반영된 가치관은 다소 사치스럽다고 볼 수도 있지 않을까. 싸기만 하다면 역시 무언가 부족하고, 지불한 대가 이상의 무언가를 추구하며, 그것은 제조사와 소매상이라고 하는 공급자의 노력에 의해 뒷받침되어 온 것이기 때문이다.

그러나 불경기가 지속되고, 소비하고 싶은 물건은 많음에도 쓸 수 있는 돈에는 한도가 있는, 즉 경제적 제약 속에서, 최대한의 효용을 얻으려고 하는 행위에도 한도가 있다는 점에서야말로, 구입하는 상품과 서비스에 대해 강한 비용 대비 효과를 의식하는 것도 어쩔 수 없는 일일 것이다.

코스퍼와 타이퍼라는 개념은 효용의 최대화를 위하여 소비의 최적해를 검토한다는 점에서는 유사하지만, 그 목적은 크게 다르다.

코스퍼의 관점에서 '돈이 없으니 싼 물건을 찾는다'라는 행동은 합리적이다. 한편 타이퍼의 관점에서는 '시간이 없으니 시간이 별로 들지 않는 것을 추구한다'. 이런 행동은 일견 합리적인 것 같지만, 영화 몰아보기처럼 실제 본편은 보지 않고 내용만 아는 걸로 만족하는 행동으로, 이를 합리적이라고 보기는 어렵지 않을까.

이는 스스로 스포일러를 당하고자 하는 셈이므로, 그 영화를 처음부터 보았을 때의 감동과 흥분할 수 있는 권리를 스스로 포기하는 것이기도 하고, 무엇보다 영화는 어디까지나 오락이며 누군가가 강요한다고 보는 것이 아니다. 정말로 흥미가 있으면 누가 시키지 않아도 그 작품을 보면 그만이겠지만, 그다지 흥미가 없는데도 일부러 시간까지 들여서 스포일러를 보고, 나아가 영화를 보지도 않았으면서 다 본 것과 같은 기분을 느끼는 모습에서 어떻게 합리성을 찾을 수 있을까.

이 책에서는 필자의 전문 분야인 소비자론의 시점에서 타이퍼와 코스퍼를 고찰하고, 각각의 소비 행동을 정리하는 것으로 타이퍼의 본질을 살펴보고자 한다.

필자 또한 어찌 되었든 사실과 현상을 깊이 파 내려가서 그 근저에 있는 소비의 배경과 문화를 밝혀내고, 명문화하는 것을 마음속에 목표로 새겨 두고 있다. 이를 위하여 이 책에서는 '그런 거 하나하나 말하지 않아도 다 알고 있어'라고 말하고 싶을 정도로 당연한 사항들을 썼다. 그러나 이러한 과정을 통해 '듣고 보니 정말 그렇네'라고 느끼게 될 수 있기를 바란다.

저자로서 독자의 생활에 뿌리내린 당연한 사실과 현상을 명문화하고, 그 본질을 고찰하는 입장이기 때문에, 이 책을 읽은 독자가 당연한 소비 행동에 '그런 의미가 있었구나'라고 깨달을 수 있다면 기쁠 것이다.

차례

발간사 5 ㅣ 들어가며 7

1장 타이퍼의 정체 ───────────────── 15

'코스퍼가 좋다'라고 느끼는 세 가지 패턴 16 ㅣ 코스퍼는 주관이다 20 ㅣ 코스퍼는 비교에 의해 처음으로 탄생한다 22 ㅣ 불경기의 선동 25 ㅣ 유니클로, 다이소, 도매형 슈퍼…… 코스퍼의 붐 29 ㅣ 소비는 즐겁다 30 ㅣ 타이퍼의 기원 33 ㅣ 유튜브는 주류 엔터테인먼트가 아니었다 36 ㅣ 스마트폰의 보급과 유튜브 39 ㅣ 트위터보다 믹시의 시대 40 ㅣ 타이퍼 추구는 합리적? 43

2장 '소비'되는 콘텐츠 ───────────────── 50

동영상 구독의 압도적인 콘텐츠 양 52 ㅣ 타이퍼를 추구하기 편해지도록 진화한 플랫폼 55 ㅣ 인트로는 건너뛰고 주요 부분만 듣는다 58 ㅣ 동영상은 어쨌든 '짧게' 60 ㅣ 대학생의 생활비는 30년 전의 4분의 1로 63 ㅣ '좋아하는 일을 하며 살아간다'가 긍정적으로 평가 받게 되다 64 ㅣ '젊은 세대의 ○○ 이탈'의 진실 66 ㅣ 소유하지 않는다. 구독, 공유, 중고 거래로 충분하다 69 ㅣ 잠깐의 '자투리 시간'이 사라졌다 70 ㅣ 여기까지의 정리 ❶ 72

3장 Z세대의 '욕망'을 읽어 내다 ───────────────── 75

'40% 이상'이 스포일러를 당한다 76 ㅣ 영화관은 타이퍼가 나쁘다 77 ㅣ 어느 여고생의 시청 습관 79 ㅣ 지금 당장 '중요한 사람'이 되고 싶다 82 ㅣ 내가 있을 장소는

SNS에 있으면 그만이다 84 | 다른사람에게 '오타쿠'라고 여겨졌으면 좋겠다? 88 | 타이퍼는 어디까지는 수단이다 91 | 최단시간에 '영화 오타쿠'가 되는 방법 94 | 숙제를 하는 목적은? 97 | 다이어트의 타이퍼와 코스퍼 100 | 코스퍼를 추구하는 목적은 여러 가지이다 102 | 타이퍼를 추구하는 목적은 한 가지뿐 104 | 타이퍼의 세 가지 성질 106 | 여기까지의 정리 ❷ 108

4장 타이퍼화 되어 가는 시장 ───── 117
맥도날드화 되어 가는 사회 118 | 타이퍼는 예전에는 '시간 단축'이었다 122 | '해 본 느낌'을 얻을 수 있는 시장의 확대 125 | 동시에 4명 이상과 연락하고 일주일 이내에 데이트 약속 잡기 128 | 타이퍼 시장이 놓치고 있는 점 130 | 이미 완전히 차림상이 준비된 '패스트 경험' 132 | '오타쿠'는 붙였다 떼었다 할 수 있는 '태그'가 되었다 134 | 오시카츠에도 타이퍼의 바람 136 | '디즈니에 가면 제일 먼저 하는 일' 139 | 비싼 전매품을 사는 사람의 심리 141 | 오타쿠 활동의 분산투자 143 | 단명, 공유, 탈물질······ '리퀴드 소비'란 무엇인가 146 | 소비되는 것은 대체 가능한 '수단'에 불과하다 148

5장 타이퍼 추구의 끝 ───── 155
필요 불가결한 소비 156 | 타이퍼의 '합리성'을 실현시키기 위한 것 157 | 소비의 중심이 된 '필요 불가결하지 않은 소비' 159 | 소비로 실현할 수 있는 여섯 가지 가치 161 | 잡담을 위해 주문된 드링크바 163 | 주체성은 없지만 도움이 된다 166 | 더욱 건강하고, 더욱 희귀하고, 더욱 세련된 것을 168 | 필요하지 않은 소비 169 | 모멘트 소비 171 | SNS에서 가속되는 타이퍼 지향 172 | 인스턴트 공감 175 | 산다는 것은 타이퍼가 나쁘다 176 | 누구를 위하여 타이퍼를 추구하는 것일까 179 | 여기까지의 정리 ❸ 181

글을 마치며 184

1장

타이퍼의 정체

'코스퍼가 좋다'라고 느끼는 세 가지 패턴

타이퍼를 이해하기 위해서는 우선 코스퍼에 대해서 미리 생각해 볼 필요가 있다.

코스퍼란 코스트 퍼포먼스의 약칭으로, 지불한 비용(코스트)과 그로부터 얻은 효과(퍼포먼스)를 비교하는 개념이다. 저렴한 비용으로 높은 효과를 얻는 경우, '코스퍼가 좋다'라고 표현한다.

어째서 소비자는 코스퍼를 추구할까? '싼 것이 당연히 좋지 않은가'라고 많은 사람들이 대답하리라 생각되는 이 질문이, 정말 그렇게 간단히 대답할 수 있는 문제인 걸까.

가격이 저렴한 것에 우선순위를 둔다면 소비자는 무조건 '저렴함'을 추구할 것이다. 같은 상품이나 서비스 카테고리가 넘치는 현대 시장에서, 가격이 모든 것을 결정한다면 우리는 고민할 필요가 없다.

미국 콜롬비아 대학교에서 시행된 '잼 실험(the jam experiment)'을 아는가. 쉬나 아이엔가(Sheena Iyengar) 교수는 '다양한 상품을 준비했을 때 매출이 늘어날 것'이라는 가설을 검증하기 위해 실험을 실시했다. 한 매장에는 스물네 종류의 잼을 진열하고, 다른 매장에는 여섯 종류의 잼만 진열한 후 어느 매장에서 매출이 더 좋은지를 비교했다. 결과는, 스물네 종류의 잼이 있던 매장에서는 3%만이 잼을 구입한 반면, 여섯 가지로 잼 종류를 줄여 놓은 매장에서는 약 30%가 잼을 구입했다고 한다.

이 실험에서 아이엔가 교수는 '선택지가 많을수록 사람은 선택을 고민하고 선택의 결과가 정말 좋은 것인가를 신경 쓰게 되어 결국 선택 자체를 그만둔다'라고 분석했다. 만약 단순히 가격만이 구매를 결정하는 요인이라면 상품 선정에 그토록 고생할 필요는 없을 것이고, 기업도 단순히 가격경쟁에만 진력하면 되었을 것이다.

그러나 실제로는 그렇지 않고, 맛이나 외형, 크기 등 여러 가지를 고려하여 '이거다!'라고 할 수 있는 하나의 상품을 결정한다. 잼이라면 거기서 거기가 아닌 것이다.

여기에서 우리는 반드시 싼 것만 보고 '코스퍼가 좋다'라고 인식하는 것이 아니라 싼 것 이외의 무언가'도' 고려하고 있다는 사실을 알 수 있다. 우리가 '코스퍼가 좋다'고 지각할 수 있는 것은 '저렴할 뿐만 아니라 ○○', '가격이 저렴한 데도 더욱 ○○', '○○을 제공하는 데 타당하거나 저렴하다고 느낀다'와 같이 '가격'으로 얻을 수 있는 심리적인 정서가 코스트 퍼포먼스 추구와 연계되기 때문이다.

❶ 저렴할 뿐만 아니라 또한 ○○

이는 우리가 일상생활에서 가장 코스퍼가 좋다는 것을 실감할 수 있는 순간이다. '저렴한 데도 맛있다', '저렴한 데도 대용량' 등, 싼 가격이 전제되면서도 나아가 그 상품과 서비스를 구입하는 것에 따라 심리적 효용을 얻을 수 있는 상황인 것이다.

음식점에 들어가 식사할 때, 우리는 '맛있는 음식'을 당연하게 기대한다. 집에서도 해 먹을 수 있지만, 음식점이라는 프로에게 대가를 지불하고 식사를 제공 받기 때문에, 아무도 맛이 없는 음식을 기대하면서 가게에 들어가지는 않는다.(물론 반드시 그 결과가 기대처럼 되지는 않지만……)

더욱이 그 가게가 고급 요리점이나 평판이 좋은 가게, 그 지역의 명물이라고 하면 높은 대가를 지불할 뿐만 아니라, 모두가 맛있다고 하고, 또 명성에 대한 기대 때문에 맛있는 요리가 나오는 것이 당연한 것처럼 평가한다. '맛있다'라는 평가는 사실 음식점에 대해 기대한 만큼의 결과가 나오는 것이라는 의미에서 원래부터 보증되어 있었던 것이라고도 할 수 있다.

그러나 요리가 '저렴하면서 맛있었다'면 이야기는 달라진다. 보통은 고가의 제품과 비교하여 싼 제품은 질이 떨어진다고 여기며, 이런 생각을 뒤집으면 고가의 가격은 질을 보증한다는 사고인 것이다.(보증한다고 믿는다.) 즉, 싼 게 비지떡이라는 사고방식이다.

그러나 단순히 맛있을 뿐만 아니라, 나아가 가격까지 싸다면, '본래 (비싼 것과 비교해서) 싼 것은 맛있지 않다'는 예상이 뒤집어지고, 맛있는 것은 당연한 일임에도 불구하고 싼 가격이 맛을 부가가치처럼 여겨지도록 해서 이익을 본 듯한 느낌을 만들어 낸다.

맛이 없어도 싼 것은 싼 것이다. 비싸다면 맛있는 것이 당연하다. 그렇기 때문에 싸기만 한 게 아니라 맛까지 있다고 하는 두 가지의 심리적 충족이 이루어지면 단순히 싼 것, 그저 맛있기만 한 것과 비교할 경우에 '코스퍼가 좋다'라고 느낀다. '저렴하다'가 '저렴할 뿐만 아니라 또한 ○○'이 될 때, 이 ○○ 부분을 이끌어 낸다고 말할 수 있을지도 모른다.

소비자는 가격으로 특정 물건의 가격을 재평가하는 경향이 있으며, 가격에 의해 대상의 평가가 상승하는 경우에 그 대상은 '코스퍼가 좋은 물건'이 된다.

❷ 가격이 저렴한 데도 더욱 ○○

이것은 언뜻 보면 ①과 동일하게 느껴지지만, '저렴할 뿐만 아니라 ○○' 은 '저렴하다'의 뒤에 이어지는 '○○'을 이어 주는 접속사가 추가되어 있 다. 영어로 표현하면, 'and'와 'furthermore' 같은 접속사가 해당할 것이다.

한편 '가격이 저렴한 데도 더욱 ○○'은 접속사가 역설의 관계로 되어 있 으며, 영어로 말하면 'but'이 '저렴하다'와 '○○'을 이어 준다. '저렴하지만 맛있다', '싸지만 멋있다'와 같이 통상 소비자가 '저렴함'에서 기대하는 질에 대한 인식이 좋은 의미에서 뒤통수 친다고 느껴질 때, 즉 이득 보는 느낌이 매우 뛰어난 경우 '코스퍼가 좋다'고 하기도 한다.

이 또한 가격이 '저렴하다'라고 하는 것과는 다른 심리적 정서가 충족된 것으로, 해당 상품과 서비스가 실제로 받아야 하는 평가 이상의 가치를 가 격이 만들어 내고 있다고 할 수 있을 것이다.

❸ ○○를 제공하는데 타당하거나 저렴하다고 느낀다

반드시 저렴하지는 않지만, 그 상품이나 서비스를 소비함으로써 '이 가 격이라면 충분히 납득할 만하다', '그만큼 훌륭한 경험을 할 수 있었으니 싼 셈이다'라고 높은 만족감을 느끼는 경우가 있다. 실제 비용이 아무리 높더 라도, 결과적으로 충분히 만족하면(본전을 뽑았다고 느낀다면), '코스퍼가 좋 았다'고 평가할 수도 있다.

코스퍼는 주관이다

'코스퍼가 좋다'라는 평가는 모든 사람이 같은 지표를 가지고 행하는 것
이 아니라, 어디까지나 각 개개인의 주관을 따른다.

여기서 질문을 해 보자. 지금 갑자기 라멘이 먹고 싶어졌다. 당신은 어
떤 라멘을 먹을 것인가?

유명한 가게에서 먹을 수 있는 1,500엔짜리 라멘, 평가가 나쁘지 않은 동
네 가게의 500엔짜리 라멘, 특가로 사온 80엔짜리 컵라멘이라는 선택지가
있다.

이번에는 라멘을 먹는 것이 목적 그 자체이며, 이 세 종류의 라멘은 그
목적을 달성하기 위한 수단이다.(추후의 내용을 읽어 나가는 데 중요한 전제가
되므로 코스퍼에 있어서 목적과 수단의 관계를 기억해 주기 바란다.)

어느 라멘을 먹어도 '라멘을 먹는다'는 목적은 달성할 수 있지만, 코스퍼
를 생각했을 때 어느 라멘을 선택해야 할 것인가. 유명한 가게의 1,500엔짜
리 라멘은 맛이 보장되어 있지만 셋 중 가장 가격이 높다. 80엔짜리 컵라멘
은 가장 싸지만 품질은 다들 잘 알 것이다. 그렇다면 1,500엔짜리 라멘보다
저렴해서 맛은 좀 떨어지지만, 80엔짜리 라멘보다는 가격이 높아서 맛은
더 나은 500엔짜리 라멘을 골라야만 할까?

그저 목적을 달성하는 것만 염두에 둔다면 제일 싼 가격의 물건을 고르
는 편이 가장 코스트를 적게 들이면서 목적 달성으로 이어지는 선택이겠으
나, 420엔만 더 내면 1,500엔을 내지 않아도 어느 정도 맛있는 동네 가게의
라멘을 먹을 수 있다.

표 1-1 지금 갑자기 라멘이 먹고 싶어졌다. 당신은 어떤 라멘을 먹을 것인가?

	가격	평가
유명한 가게	1,500엔	매우 훌륭함
동네 가게	500엔	그럭저럭 맛있음
컵라면	80엔	맛이 없지는 않음

또한 집에 있는 상황이라면 외식을 하는 경우, 금전 이외의 코스트(전철비와 유류대, 굳이 라멘을 먹으러 몸을 일으켜야 하는 동기 부여, 가게까지 가는 시간)도 들기 때문에 그러한 귀찮음을 생각하면 컵라멘이 코스퍼가 좋다고 지각하는 소비자도 있을 것이다.

한편 유명한 가게 가까이에 있으며, 또 마침 대기 차례가 없다면, 가게 근처에 있다는 점과 대기 시간이 없다는 것이 코스퍼가 좋다는 판단으로 이어질 수도 있다.

싸게 먹는 데 특화할 것인가, 들이는 비용(번거로움)을 고려할 것인가, 각자의 선택에 따라 고르는 물건은 달라질 수 있고, 같은 사람이더라도 그때그때의 상황에 따라 선택이 달라질 수 있을 것이다. 또한 자신은 저렴하고 맛있다고 느끼더라도, 예를 들어 더 저렴하고 맛있는 가게를 아는 사람이 먹었을 때의 평가는 반드시 같을 수 없을 것이다.

코스퍼를 추구할 때는, 목적 달성을 위한 가격, 그로 인해 얻는 느낌(즉, 이득을 봤다는 느낌), 이를 달성하기 위한 금전 외의 코스트를 모두 고려하고, 자신의 금전 여유 정도나 육체의 피로도 등 그때 그때 처한 상황은 물론, 스스로 지금 어디에 있는지와 같은 주변 환경, 목적 달성을 어느 정도까지 하고 싶은지, 효용을 얼마나 추구하고자 하는지와 같은 여러 상황에 크게 좌우된다.

따라서 코스퍼의 좋고 나쁨에 대한 평가도 '주관'적인 것이며, 같은 소비자라도 상황에 따라서 코스퍼의 좋고 나쁨에 대한 평가가 변할 수 있는 것이다.

코스퍼는 비교에 의해 처음으로 탄생한다

코스퍼는 무언가와 비교하는 과정에서 비로소 지각되기도 하다. 가격과 용량 등에서 같은 카테고리의 제품끼리 비교해서 어느 쪽이 이득인지(코스퍼가 좋은지) 검토하는 것이 보통이기 때문이다.

또한 같은 카테고리에 속해 있더라도 그 목적을 달성하는 데 있어서 어느 쪽이 합리적인지 가격 이외의 다른 무언가를 비교하는 경우도 많다.

보통 우리는 구매 경험을 통해서 상품에 관한 지식을 높여 나간다. 어느 가게가 싸고, 어느 제조사의 상품이 맛있는지, 어느 상품의 디자인이 좋은지와 같은 류의 지식들이다. 식품이든 잡화든 소모품이든 과거에 사 본 적이 있기 때문에 눈앞에 있는 제품이 '저렴한지 저렴하지 않은지', '양이 많은지 적은지'를 판단할 수 있다.

가격과 용량은 보면 알 수 있기 때문에 큰 틀에서 객관화할 수 있는 척도이다. 한편 사용가치는 개개인의 경험에 따라 '이 세제는 가격은 싸지만 향이 좀 별로다', '이 콜라는 대기업 제품과 비교해서 맛이 좀 떨어진다'와 같

표 1-2 코스퍼를 추구할 때 고려 요소

질	대용량이라도 품질이 나쁘면 한 번에 사용하는 양이 늘어나거나, 아예 사용하는 자체를 그만두는 경우도 있다
부속 서비스	가격을 비교할 때 저렴한 쪽을 선택하는 것이 합리적이지만, 부가 서비스가 많은 경우에는 가격이 더 비싼 쪽을 선택하는 것이 합리적일 때도 있다
내구성	아무리 싸다고 해도 쉽게 고장 나거나 사용감이 나쁘다면, 싸게 사도 결국 돈을 낭비하는 격이다
필요성	아무리 코스퍼가 좋더라도, 저렴함을 추구하다가 필요 이상의 지출을 하는 것은 코스퍼가 좋다고 할 수 없다

이 주관적인 척도로 평가되고 해당 가격을 지출함으로써 자신의 니즈가 충족될 수 있는가를 판단하는 것이다.

가격이 저렴하고 대용량인 식기용 세제라도 기름기가 잘 제거되지 않아서 몇 번이고 계속 짜서 써야 한다면 설거지를 하는 목적을 달성하는 데 있어 최적해가 될 수 없다. 무작정 코스퍼가 좋다고는 할 수 없다. '기름기 제거가 잘 안 된다'라는 평가는 지금까지 써 왔던 것과 비교하여 내려진 평가이고, 가격과 가격에서 도출된 정서적 효용과 마찬가지로 과거의 사용 경험(처음 사 본 상품이면 그 상품에 대한 기대치) 또한 코스퍼를 검토하는 데 있어 작용하는 요소가 된다.

또한 앞서 '들어가며'에서 예시를 들었던 이사 서비스를 생각해 보면, 회사를 비교할 때 그저 요금만 비교하는 것이 아니라 그 요금으로 어디까지 서비스를 수행해 주는가라는 점이 검토에 있어 큰 요인이 될 것이다.

예를 들어 A사는 견적이 5만 엔이라서 처음에는 싸 보였지만, 종이박스는 개인이 준비해야만 한다. B사는 7만 엔이지만, 종이 박스 준비는 물론 가구의 설치, 불필요한 가구의 처분, 종이 박스의 수거 등 애프터 서비스가 포함되어 있다. 그저 이사라는 목적을 달성하는 쪽이라면 A사의 서비스로 충분할지도 모르지만, 부속 서비스 내용을 보면 비싸더라도 B사를 이용하고 싶다고 생각하는 소비자도 있을 것이다.

객관적 척도와 주관적 척도
- 객관적 척도 ➜ '저렴한지 저렴하지 않은지', '양이 많은지 적은지'
- 주관적 척도 ➜ '이 세제는 가격은 싸지만 향이 좀 별로다'
- '이 콜라는 대기업 제품과 비교해서 맛이 좀 떨어진다'

소비자가 단순히 '금액만' 보고 구매를 결정한다면 B사를 선택하는 것은 비합리적이지만, 2만 엔이라는 차액을 충분히 보상해 줄 수 있는 서비스라고 느끼는 소비자에게는 B사가 가성비가 더 좋은 선택이라고 할 수 있다.

또한 아무리 저렴하더라도 쉽게 고장 나거나 사용감이 나쁘다면, 싸게 사서 돈을 낭비하는 격이다. 다른 선택지보다 가격이 높더라도, 장기적으로 보면 그 값을 충분히 한다고 느끼는 경우가 종종 있다. 이는 바로 지불한 금액에 대해 얼마나 효과를 얻을 수 있는가 하는 퍼포먼스 자체가 가격만큼이나 중요한 고려 요소이기 때문이다.

반면 아무리 저렴하더라도 불필요한 지출을 하는 것은 가성비가 좋다고 할 수 없다. 1리터에 1천 엔짜리 식기용 세제 1천 리터를 50만 엔(즉, 1리터당 500엔)에 판매한다고 해도, 일반 가정에서 1천 리터나 필요하지는 않다. 식기용 세제의 1리터당 금액뿐만 아니라, 50만 엔이 있으면 다른 어떤 효용을 얻을 수 있을지, 그리고 보관 비용 등을 함께 고려하게 된다. 도매형 슈퍼마켓이나 코스트코에 갔을 때, 원하는 물건이 있지만 장바구니에 넣기를 망설이는 이유는 바로 이러한 심리가 작용하기 때문이다.

이제까지 코스퍼에 대해 논했지만, 이는 모두 우리가 평소에 의식하지 않고도 구매를 검토할 때 취하는 행동이다. 이처럼 당연해서 새삼스럽게 설명하지 않아도 되는 코스퍼의 개념을 충분히 이해했다면, 앞으로 다룰 타이퍼도 이해할 수 있을 것이다.

불경기의 선동

그렇다면 도대체 우리는 왜 코스퍼를 추구하게 되었을까?

그 배경에는 불경기가 큰 영향을 미치고 있다. '잃어버린 20년'이라는 말이 2010년 이후 경제 분야에서 사용되어 왔지만, 그로부터 10년이 지나 이제는 '잃어버린 30년'이라는 용어를 쓰기 시작했다.

개인의 가계 수준에서도 '잃어버린 30년'은 큰 영향을 미친다. 그림 1-1은 국세청의 "민간급여실태통계조사"[1]를 바탕으로 작성된 1989년부터 2021년까지의 평균 급여액 추이를 보여 준다.

33년 동안 평균 급여액이 가장 높았던 해는 1997년으로 약 467만 엔이

---

1   국세청, "2021년 민간급여실태통계조사"
     https://www.nta.go.jp/publication/statistics/kokuzeicho/minkan2021/pdf/002.pdf

그림 1-1 1989년부터 2021년까지의 평균 급여액 추이

자료: 국세청, "민간급여실태통계조사".

었다. 한편 리먼 쇼크의 다음 해인 2009년에는 약 406만 엔으로, 2000년 이후 가장 낮은 수준을 기록했다. 또한 1990년대의 평균 급여액은 약 455만 엔이었지만, 2021년에는 약 443만 엔으로 1990년대의 급여 수준보다 감소했다.

물론 조사 대상에 비정규직 근로자의 급여액도 포함되어 있기 때문에 평균 급여가 하락했다고 볼 수도 있지만, 비정규직으로 생계를 이어 가는 사람이나 이 평균 급여액에 미치지 못하는 소득으로 생활하는 소비자도 많다는 것은 부정할 수 없는 사실이다.

한편 1989년에는 소비세 3%가 도입되었고, 1997년에는 5%, 2014년에는 8%, 2019년에는 10%(경감 세율 대상 물품은 8%)로 세율이 인상되었다. 매달

10만 엔어치의 쇼핑을 할 경우, 소비세가 3%일 때는 3천 엔이지만, 10%일 때는 1만 엔이 든다. 연간 120만 엔의 쇼핑을 한다고 가정하면, 3%일 때는 3만 6천 엔이지만, 10%일 때는 12만 엔으로, 차액은 8만 4천 엔에 이른다.

물가도 상승하는 경향이 있다. 닛세이 기초연구소에서는 1987년부터 2022년까지의 연간 물가 상승 폭을 산출했는데, 1987년의 소비자 물가를 100으로 했을 때 2022년에는 120.5가 되어, 35년간 물가는 약 20% 상승한 것으로 나타났다.

그러나 이런 지수를 확인하지 않더라도 소비자는 일상적인 쇼핑에서 상품 가격의 급등을 실감하며, 많은 이들이 슈퍼마켓에서 "어, 이게 이렇게 비쌌나?" 하고 장바구니에 물건 담기를 망설이는 경우가 늘어난 것을 경험하고 있을 것이다. 말할 필요도 없이, 물건의 가격이 상승했다는 것은 같은 1만 엔을 가지고 있어도 예전보다 살 수 있는 물건의 양이 줄어들었다는 의미이다.

한편 30년 전과 비교하면 연금보험료나 건강보험료 등의 사회보험료도 인상되었다. 국민연금보험료는 1990년도 월 8,400엔에서 2020년도에는 거의 두 배인 월 1만 6,540엔이 되었다. 설령 급여 수입이 같다고 하더라도, 급여에서 공제되는 사회보험료의 금액이 증가했기 때문에 실제 수중에 남는 돈은 예전보다 줄어든 것이다.

또한 수도 광열비 및 도시 지역의 경우 집세 등 고정비용도 증가하는 경향이 있다. 아울러, 1995년에 Windows 95가 출시된 것을 계기로 일반 가정에서도 인터넷을 사용하게 되면서, 예전에는 유선전화 회선 비용만 지불하면 되었던 것이 이제는 인터넷 회선 비용과 스마트폰 통신료도 고정비용으로 자리 잡았다.

저가 스마트폰의 등장과 스가 요시히데(菅義偉) 정권의 휴대전화 통신료 인하 조치도 있었지만, 대형 통신사에서 스마트폰을 월 할부로 구입하는 사용자 입장에서는 통신비가 아무리 내려가도 최신 스마트폰의 가격이 상승하고 있어, 지출 부담이 가벼워졌다고 실감하기는 어려움이 있을 것이다.

국세청의 "2021년 민간급여실태통계조사"에 따르면, 2021년의 평균 급여는 443만 엔이었다. 월수입으로는 약 37만 엔이며, 실수령액은 약 27만~29만 엔으로 추정할 수 있다.

평균 급여를 연령대별로 보면, 20~24세는 249만 엔(월수입 약 20만 엔), 25~29세는 328만 엔(월수입 약 27만 엔)으로, 실수령액은 각각 약 16만 엔 전후, 약 21만 엔 전후로 추정할 수 있다. 실제로는 평균 수준에 미치지 못하는 생활을 하는 사람도 많을 것이다. 나이가 젊어질수록 실제로 자유로이 사용할 수 있는 금액은 적어진다.

이 금액에서 세금을 납부하고, 고정비용을 지불하며, 자녀를 양육하고 생활비를 감당해야 하는데, 이렇게 수입이 현대 일본에서 살아가는 데 충분한 수준이 아님에도 불구하고 공제되는 금액이 증가하거나, 물가 상승과 소비세 인상으로 개별 상품(소비)에 드는 비용이 증가하고 있는 상황이므로, 적극적인 소비 행동에 제약이 걸리고 있다.

유니클로, 다이소, 도매형 슈퍼······ 코스퍼의 붐

이러한 상황에서 일본인의 소비를 촉진해 온 존재는 저가 소매점이나 할인점이었다.

의류 업계에서는 2008년부터 2009년에 걸쳐 'H&M'이나 'FOREVER 21'이 일본에 상륙하면서 패스트패션 붐이 일어났다. 젊은 층을 중심으로 해외 패스트패션 브랜드나 1990년대 초반에 플리스로 입지를 다진 '유니클로'와 '시마무라', 'Honeys', 'WEGO'와 같은 저가 브랜드의 수요가 높아진 것을 많은 독자가 인식하고 있을 것이다.

100엔숍도 '잃어버린 30년' 동안 크게 성장한 업종이다. 그중에서도 업계 최대인 다이소의 점포 수 변화를 보면, 2000년에는 1,500개였으나, 2023년 2월의 국내 점포 수는 4,139개로 약 3배 가까이 증가했고, 매출도 1,434억 엔에서 5,891억 엔으로 크게 성장했다. 참고로 앞서 언급한 평균 급여액이 감소세로 돌아선 것도 다이소의 점포 수가 증가하기 시작한 2000년 전후의 일이다.

또한 고품질의 우수 브랜드 제품을 저렴한 가격에 제공하는 회원제 창고형 매장인 '코스트코'도 주목할 만하다. 코스트코는 회원제라는 제도와 상품을 진열하지 않는다는 점에서 일본의 전통적인 소매업과는 다른 독특한 운영 방식을 취했음에도 불구하고, 평소 슈퍼에서 사는 물건들을 대용량으로 다소 저렴하게 구입할 수 있다는 점과 고품질의 신선 식품을 코스퍼 좋게 구매할 수 있다는 점이 높이 평가되었다. 코스트코는 식품 등 자주 소비되는 상품을 셀프서비스로 저렴하고 신속하게 구매할 수 있도록 한 소매업의 한 형태인 웨어하우스 스토어의 소비문화를 일본에 정착시켰다. 현재 코스트코의 1개 점포당 매출은 약 208억 엔에 달하며, 26개 점포에서 약 5,200억 엔의 연 매출을 기록하고 있다고 한다.

웨어하우스 스토어를 이야기할 때 '도매형 슈퍼'도 빼놓을 수 없다. 2000년 3월, 효고현 미키시 교외에 1호점을 오픈한 이후 22년 만에 1천 개 점포를 달성했다. 대용량으로 코스퍼가 좋은 추천 상품이 풍부하게 갖춰져 있어 절약을 추구하는 다양한 세대에게 인기를 끌고 있다. 코스트코와는 달리, 소비자에게 가까운 장소에 출점하고 있다는 점도 도매형 슈퍼의 강점이라고 할 수 있을 것이다.

소비는 즐겁다

애초에 소비란 인간의 욕구를 충족시키기 위해 재화·서비스(상품), 공간, 시간 등을 소모하는 것이다.

소비는 살아가는 데 필요 불가결한 행위이며, 인류가 탄생한 이후로 소비가 반복됨으로써 역사가 만들어져 왔다. 아무리 신분이 높은 왕족이나 장군이라도, 또한 농민이나 노예도 옷을 입고, 음식을 먹으며, 주거지에 몸을 두는 '의·식·주' 행위를 하는데, 이는 누구에게나 살아간다는 목적을 달성하기 위한 수단이다.

이러한 소비는 심리학자 에이브러햄 매슬로(Abraham Harold Maslow)가 제안한 '욕구 5단계설' 중 '생리적 욕구'와 '안전의 욕구'에 해당한다. 즉, 소비는 삶 그 자체인 것이다.

한편 이러한 소비는 정형화된 루틴과 마찬가지기에 설령 과장하여 말하더라도 화려하고 특별한 행위라고는 할 수 없다. 그러나 사람들의 생활에 여유와 여가가 생기면서, 소비는 놀이의 성격을 띠게 되었고, 소비를 통해 쾌락을 얻을 수 있게 되었다.

그 이전의 사회에서는 근면하게 일하고 금욕적인 생활 태도를 유지하는 것이 산업화를 실현하는 데 중요한 정신으로 여겨졌다. 그러나 산업사회가 실현되면서 여가와 여유를 가질 수 있는 사람들이 등장하기 시작했고, 소비를 통해 쾌락을 추구하는 가치관에 무게를 두게 되면서, 소비 자체가 사회에서 중요한 관심사로 자리 잡게 되었다.

이러한 '소비 지향적 인간'이 증가하면서 대중 소비사회가 형성되었다. 앞서 언급한 바와 같이, 정형화된 루틴을 가지고 있던 소비 활동도 대중 소비사회가 도래하면서 즐거운 무언가라는 식으로 가치관이 변해 갔다.

그러나 경기 침체로 인해 소득이 오르지 않고, 물가는 상승하며, 세금은 계속 증가하는 현실 속에서, 쓸 수 있는 돈에 여유가 없는 상황이 되어, 그 즐거운 행위에 제한이 걸리게 된 것이 현대 소비사회의 현실이기도 하다.

가지고 싶은 것이 있다고 해서 고민 없이 모두 다 구매할 수 없는 현실은 극히 일부 사람들을 제외하면 마찬가지이다. 낮은 코스트를 중시하는 소비 행태가 정착되는 가운데, 자신의 지출 가능한 범위 내에서 어떻게 하면 소비 만족감을 얻을 수 있을지 추구하는 고민도 함께 이루어지게 되었다.

앞서 언급한 저가 소매점이나 할인점이 이러한 추구를 뒷받침하면서, 소비자는 경제적 제약이 있는 상황에서 어차피 소비를 한다면, 더 저렴하게 해결하고 여유를 늘리거나 최대한의 효용을 얻자고 생각하게 되었다. 소비자가 인식하는 '저렴하면서'의 '하면서' 부분은 가격이 가져오는 정서적(심리적) 효용을 가리키며, 돈을 지불했지만 '무언가 이득을 보는 느낌을 받을 수 있다'는, 사용가치 자체와는 또 다른 구매 경험의 만족도를 추구하는 것이 바로 코스퍼 추구의 근본에 존재한다. 그러한 이득을 보는 느낌의 획득은 일상 소비에서 즐거움과 기쁨으로 이어진다.

물론, 코스퍼가 좋은 것을 선택하는 행동은 합리적인 소비 행태인 동시에 절약 지향적이기도 하며, 금액을 신경 쓰며 구매하는 것 자체가 빈곤함을 느끼게 할 수도 있다. 또한 애초에 적극적인 소비(돈을 쓰는 것)에 대한 의욕이 줄어들면 소비 자체를 부정적으로 인식하게 되는 경우도 있다. 경제적 제약이 있으면 자유롭게 소비할 수 있는 돈에 한도를 둘 수밖에 없기 때문에, 갑작스럽게 생긴 소비 욕구나 원래 쓸 수 있는 예산을 초과하는 소비를 하려 할 때는 죄책감이 생기는 것도 사실이다.

또한 코스퍼를 추구하는 사람들 중에는 맛이 없는 것을 알면서도, 대용량에 가격이 저렴한 것으로 배를 채우는 사람도 있다. 그들에게 코스퍼 추구는 그날그날을 버티기 위한 선택이다. 하지만 코스퍼를 추구함으로써 얻은 여유를 이용해 자신이 원했던 물건을 사거나 가끔의 사치(자신에게 주는 보상)를 누릴 수 있다면, 코스퍼를 중시하는 소비 행태가 소비의 즐거움과 기쁨을 발견하는 계기를 제공한다고도 볼 수 있다. 따라서 코스퍼의 우수함이 소비에 대한 후회나 부정적인 인식을 완화해 주는 측면도 있다고 생각한다.

타이퍼의 기원

우에토 아야가 "코스퍼로 고르는 거야?"라는 광고에 출연했을 당시, 이 책의 주제인 '타이퍼'는 추구되고 있었던 것일까?

타이퍼라는 단어가 과거에 사용된 예를 인터넷에서 찾아본 결과, 2013년 5월 1일 '마이나비 우먼'(일본의 사회인 여성을 위한 커뮤니티 사이트─옮긴이 주)에 "젊은 사회인들, 자기 성장에 하루 평균 74분 사용!, '타임 퍼포먼스' 향상에 의욕을 보이다"라는 기사가 게재된 바 있다.

기사의 내용을 보면, 오츠카 제약이 20~30대의 일하는 남녀 500명을 대상으로 실시한 "사회인의 시간 활용과 집중력에 관한 조사"에서 '타임 퍼포먼스(=시간 능률)'가 사회인의 키워드가 되었다는 내용이 인용되어 있다. 바쁜 일상 속에서 자신을 성장시키기 위해서는 현재 있는 시간을 효율적으로 유익하게 사용해야 한다는 것, 즉 타임 퍼포먼스를 높일 필요가 있다는 뉘앙스로 '타이퍼'라는 단어가 사용되었다.

또한 2016년 10월 3일에 웹미디어 죠시스에 게재된 칼럼 "정보 시스템 리더를 위한 시간 관리 기술 10: 일에 너무 많은 시간을 들이지 마라! 타이퍼를 의식하자"를 보면, 서두에서 '타이퍼라는 단어가 익숙하지 않을 수 있지만, 타임 퍼포먼스의 약어입니다'라고 언급되어 있어, '타이퍼'라는 단어가 일반적으로는 아직 널리 퍼지지 않았다는 것을 알 수 있다.

어쨌든, '매주 루틴처럼 열리는 회의는 타이퍼가 나쁘다', '집에서 할 수 있는 일인데도 굳이 시간을 들여 출근하는 것은 타이퍼가 나쁘다'와 같이, 비즈니스에서의 시간과 능률의 관계에 대한 맥락에서 이 단어가 사용되고 있었다.

이제, 서두에서 언급한 바와 같이 '타이퍼'라는 개념은 이미 충분히 논의된 상태이다. 특히 이나다 도요시의 저서 『영화를 빨리 감기로 보는 사람들』은 베스트셀러가 되어, 타이퍼에 대해 사람들이 강하게 인식하는 계기를 제공했고, 그와 관련된 문제점을 널리 알렸다.

이나다의 저서는 콘텐츠 소비 방식에 초점을 맞추고 있다. 빠른 속도로 소비되는 영화(패스트 무비, 즉 몰아보기 영화)를 포함해 타이퍼를 중시하는 콘텐츠 소비가 이루어지는 배경에는, 구독 서비스에서 비롯된 방대한 작품 수와 작품의 설명과잉 경향(묘사로 상황이나 등장인물의 심리를 나타내기보다는, 대사로 현재의 전개를 설명하는 경향이 늘어난 점) 때문에 빨리 감기 시청이 이루어지고 있다는 외부 요인, 그리고 커뮤니티의 협조와 연결 의식을 추구하면서 콘텐츠를 '감상'하는 것이 아니라 '소비'해 나가는 (즉, 단순히 '봤다'는 사실을 만드는) 내부 요인을 지적되고 있다.

또한 젊은 세대를 대상으로 한 설문 조사와 인터뷰에서는, 왜 콘텐츠를 빠르게 소비해야 하는지와 중년 세대와 젊은 세대의 인식 차이가 생생하게 기술되어 있다. 이 책에서 이나다는 데이터와 자신의 경험을 바탕으로 최근의 콘텐츠 시장을 깊이 파고들며, 몰아보기 영화와 콘텐츠 소비 경향을 이해하는 데 충분한 견지를 제공하지만, 타이퍼를 추구하는 소비자의 측면에 초점이 맞춰져 있기 때문에, 타이퍼의 개념 자체에 대해서는 깊이 다루지 않는다.

한편 일부 젊은 층에서는 콘텐츠를 소비함으로써 얻은 결과물이라는 재료나 '한번 봤다'는, 즉 이미 경험한 사실을 가지고 '오타쿠가 되고 싶다 = 무언가를 깊이 파고들고 있다＝개성이 된다'라고 생각하는 층도 있다는 오타쿠론을 전개하는 부분도 있었다.

필자도 학부 재학 시절부터 박사 과정을 거쳐 지금까지, 오타쿠의 소비를 주요 연구 주제로 삼아 왔다. 현재 소속된 닛세이 기초연구소에서는 'Z세대(1996~2012년에 태어난 세대)' 연구자로서, 일상 미디어를 통해 여러 의견을 발신하고 있으며, 젊은 층의 오타쿠 문화에 대한 자신만의 지론을 가지고 있다.

뒤늦게나마 '타이퍼'라는 주제를 다루는 만큼, 독자 여러분께 조금이라도 새로운 지견을 전달할 수 있는 관점에서 이야기를 풀어 나가고자 한다. 여기서부터는 필자의 전문 분야인 소비문화론의 시각에서 타이퍼체를 고찰하며, 왜 타임 퍼포먼스를 의식할 필요가 있는지에 대한 의문을 풀어 가고자 한다.

참고로, 소비문화론이란 현대 사회에서 소비가 어떻게 기능하는지, 그리고 소비가 사회적·문화적으로 어떤 영향을 미치는지 연구하는 학문이다. 구체적으로는 소비 활동이나 소비자 행동을 연구하며, 상품의 생산과 판매, 광고와 마케팅 등의 다양한 요소들이 어떻게 상호작용하여 소비문화를 형성하는지 분석한다. 간단히 말해, 세상의 여러 현상을 경제학이나 사회학의 측면에서 고찰하고, 소비의 시점에서 이를 표출해 내는 것이다.

이러한 배경에서, 이나다가 언급한 '오타쿠가 되고 싶다＝무언가를 깊이 파고들고 있다＝개성이 된다'라고 하는 Z세대의 소비문화를 긍정적으로 받아들이면서, 이를 필자만의 시각으로 고찰해 보고자 한다.

유튜브는 주류 엔터테인먼트가 아니었다

오늘날 '타이퍼'는 앞서 언급한 바와 같이, 몰아보기 영화나 동영상의 배속 시청과 같은 측면에서 주로 언급되며, 투자한 시간에 대한 만족도에서 나아가 '최소의 노력(시청 시간)으로 최대의 성과를 얻는' 것을 중시하는 젊은이들의 동영상 시청 성향 자체를 지칭하는 경우가 많다.

산세이도의 "올해의 신조어 2022"에서는 '타이퍼'가 대상을 수상했으며, 이에 대한 선정 위원회의 코멘트는 다음과 같다. "지금 세상은 활자 문화에서 동영상 문화로 이행하고 있습니다. 그 시대를 제대로 살아가기 위해서는 타이퍼의 향상이 필수적일지도 모릅니다."

현재 타이퍼를 추구하는 방식인 동영상 시청은 잘 인식된 소비 행위로 자리 잡았지만, 2010년경에는 콘텐츠 소비에서 '타이퍼'라는 개념이 의식되지 않았다. 이는 인터넷이 지금만큼 주류 콘텐츠로 자리 잡지 않았기 때문이다.

넷 레이팅스(Net Ratings, 현재 닐슨 레이팅스)가 실시한 2007년 2월 인터넷 이용 동향 정보 서비스 조사[2]에 따르면, 가정에서 유튜브(YouTube)를 이용하는 사람이 1,017만 명이었다. 2022년 5월 18세 이상의 국내(일본) 월간 사용자 수가 7천만 명이었던 것을 감안하면,[3] 이 15년 동안 약 7배 가까이 증

---

2   유튜브, "'사상 최단 기간'으로 이용자 1천만 명에 도달 닐슨", 2007년 3월 22일
     https://www.netratings.co.jp/news_release/2007/03/Newsrelease20070322.html
3   "생활자에게 선택 받는 유튜브, 제품 구매에 강한 영향력―'브랜드 재팬'에서도 1천
     개 브랜드 중 1위", Think with Google, 2022년 10월.

가한 것을 알 수 있다. 무엇보다 후자가 18세 이상을 대상으로 한 수치라는 점을 고려하면, 실제 이용자 수는 더 많을 것이다. 이 숫자만으로도 당시와 현재의 시장 규모 차이를 확인할 수 있다.

또한 현재는 수많은 유튜버가 이른바 인플루언서로서 활약하고 있으며, "신켄제미 초등 강좌"에서 실시하는 '초등학생이 되고 싶은 직업'에서 조사를 시작한 2020년부터 유튜버가 3년 연속 1위를 차지하고 있다. 그러나 일본에서 유튜버의 대명사라 할 수 있는 히카킨(HIKAKIN)이 채널 "Hikakin TV"를 시작한 것은 2011년이었으며, 2010년 당시에는 유튜버라는 명칭 자체를 아는 사람이 거의 없었다. 당시 유튜브의 주요 콘텐츠는 뮤직비디오(MV)였다.

2010년 일본에서 가장 많이 재생된 동영상은 AKB48의 "포니테일과 슈슈" 뮤직비디오로, 1천만 회 이상 재생되었다. 음악 관련 콘텐츠를 제외하고 일본 국내에서 시청 횟수가 많았던 동영상 중 하나는 사와지리 에리카(沢尻エリカ)의 사진 촬영 현장을 채널 "Fashion TV Japan"이 게시한 영상으로, 약 197만 회 재생되었다.

한편 2022년 재생 횟수 1위는 세카이노 오와리(SEKAINO OWARI)의 뮤직비디오 "Habit"으로, 1억 회 이상 재생되었다. 음악 및 애니메이션 외의 분야에서 높은 재생 횟수를 기록한 동영상은, 혼자 여행하는 모습을 즐길 수 있는 채널 "Travel Alone Idea"의 '일본에서 유일한 침대 특급 열차의 최저가 개인실에서 12시간 혼자 여행 [도쿄에서 이즈모시까지]'이며 7,904만 회 재생되었다.

이 재생 횟수에서 당시의 시장 규모를 알 수 있을 것이다. 참고로 하루당

그림 1-2 유튜브 시청 시간(연령대별)

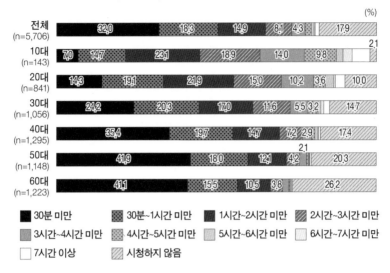

자료: MMD연구소, "2021년 동영상 시청에 관한 이용 실태 조사"
https://mmdlabo.jp/investigation/detail_1993.html

인터넷 이용 시간이 TV 시청 시간을 역전한 것은 2015년경이며,[4] MMD연구소가 2021년에 수행한 "동영상 시청에 관한 이용 실태 조사"를 보면 전체의 반 이상이 매일 30분 이상 유튜브를 시청하고 있는 것을 알 수 있다.

4   총무성, "2019년도판 정보통신백서"
      https://www.soumu.go.jp/johotsusintokei/whitepaper/ja/r01/html/nd114110.html

스마트폰의 보급과 유튜브

유튜브의 보급 배경을 이해하려면 스마트폰의 보급에 대해 언급할 필요가 있다. NTT 도코모 모바일 사회연구소의 "2010~2022년 일반 대상 모바일 동향 조사"에 따르면, 2010년의 스마트폰 비율은 4.4%에 불과했다.

일본에서는 대형 통신사를 통해 계약할 때 스마트폰 본체를 구입하는 소비자가 많으며, 아이폰(iphone)을 취급하는 통신사가 증가하면서 아이폰(스마트폰) 시장도 같이 확대되었다.

2007년에 애플(Apple)이 첫 번째 아이폰을 발표한 후, 다음 해 소프트뱅크가 일본에서 첫 아이폰 단말기인 '아이폰 3G'를 출시했다. 2009년에는 도

그림 1-3 휴대전화 소유자 중 스마트폰 보유자 비율

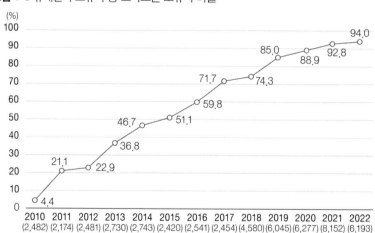

자료: NTT 도코모 모바일 사회연구소, "2010~2022년 일반 대상 모바일 동향 조사"
https://www.moba-ken.jp/project/mobile/20220414.html

코모가 첫 안드로이드(Android) 탑재 단말기를 발표하며 본격적인 스마트폰 보급의 서막을 열었다. 2010년, 도코모가 3.9세대 통신 '크록시(Xi)'를 발표하면서, 통신 속도가 고정 회선만큼 빨라졌다.

스마트폰이 보급되기 이전에는 주로 컴퓨터(게다가 대부분 유선)로 인터넷을 이용했기 때문에 장소에 제약이 있었다. 그러나 스마트폰의 등장으로 언제 어디서나 브라우저를 이용할 수 있게 되었고, 유튜브도 예외 없이 개인의 손안에서 소비할 수 있는 친숙한 매체로 변모해 갔다.

또한 구글(Google)이 iOS용 유튜브 앱을 2012년에 공개하면서 모바일 동영상을 더욱 손쉽게 시청할 수 있게 되었다. 스마트폰의 보급으로 비디오카메라를 휴대하지 않고도 동영상을 촬영할 수 있게 되었기 때문에, 동영상 게시자에게도 스마트폰은 유튜브에 진입하는 장벽을 낮추었고, 유튜브에 게시되는 동영상의 카테고리를 넓히는 데 기여했다고 할 수 있다.

트위터보다 믹시의 시대

스마트폰의 보급과 함께 증가한 것은 유튜브 이용률만이 아니다. 총무성의 "2017년판 정보통신백서"를 보면, 현재 이용률이 90% 이상인 라인(LINE)이 2012년 당시에는 20.3%였으며, 페이스북(facebook)과 트위터(twitter, 현재 X)의 보급률은 믹시(mixi)보다 낮았다는 점에서 현재의 SNS 시장과 큰 차이가 있음을 알 수 있다.

현재 젊은이들 사이에서 대표 SNS로 자리 잡은 인스타그램(Instagram)은

표 1-3 2021년의 SNS 이용률(스마트폰 비율 22.9%)

라인	20.3%
믹시	16.8%
페이스북	16.6%
트위터	15.7%

자료: 총무성, "2017년판 정보통신백서"
https://www.soumu.go.jp/johotsusintokei/whitepaper/ja/ h29/pdf/n1100000.pdf

2010년에 서비스를 시작한 지 얼마 되지 않아 당시만 해도 조사 대상에 포함되지 않았으며, 틱톡(TikTok)도 2016년에 서비스를 시작했기 때문에 본격적으로 두각을 나타내기까지는 아직 시간이 더 필요했다.

그러나 ICT 종합연구소가 실시한 "2022년도 SNS 이용 동향에 관한 조사"에 따르면, SNS 이용자는 8,270만 명에 달하며, SNS 보급률도 82%에 이른다. 젊은 층뿐만 아니라 고령층에서도 스마트폰 보급이 확대되면서, 이에 따라 SNS 등록자 수와 이용자 수 또한 증가하는 추세이다.

총무성의 "2021년도 정보통신 미디어의 이용 시간과 정보 행동에 관한 조사"에서 '평일 주요 미디어의 평균 이용 시간'을 살펴보면, TV 시청 시간은 163.8분, 인터넷 이용 시간은 176.8분으로, 인터넷 이용 시간이 TV 시청 시간을 초과한다. 참고로, 10대의 경우 TV 시청 시간은 69.4분, 인터넷 이용 시간은 191.5분이며, 20대는 TV 시청 시간 86.3분, 인터넷 이용 시간 275분으로, 이러한 경향은 젊은 층에서 더욱 두드러진다.

글로섬(Glossom)이 실시한 "스마트폰을 통한 정보 수집에 관한 정점 조사 2021"에서 정보 수집을 위한 스마트폰의 하루 평균 이용 시간 추이를 살

그림 1-4 주요 미디어의 평균 이용 시간(평일)

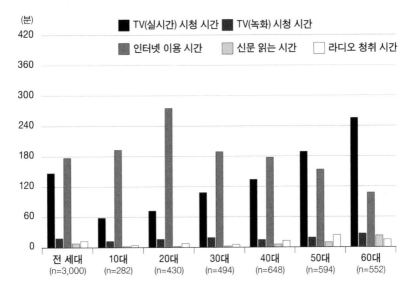

자료: 총무성, "2021년도 정보통신 미디어의 이용 시간과 정보 행동에 관한 조사"
https://www.soumu.go.jp/main_content/000831290.pdf

퍼보면 2019년에는 112.1분, 2020년에는 126.6분, 2021년에는 136.3분으로 증가하는 추세이다.

또한 서비스 분류별 이용 시간을 보면, SNS 이용 시간은 2020년 67.1분에서 2021년 77.8분으로 15% 이상 증가했다. 연령별로 보면 10대는 108.9분, 20대는 97.8분으로, 젊은 층일수록 높은 경향을 보인다. 유튜브든 SNS든, 인터넷을 이용하는 주요 기기가 컴퓨터에서 스마트폰으로 바뀌면서, 인터넷 이용이 더욱 간편해졌으며, 여가에 할애되는 시간도 증가하고 있다.

다양한 데이터를 참고하면서 유튜브와 스마트폰의 보급률, 인터넷 이용 시간에 대해 살펴보았는데, 필자가 정말로 강조하고 싶은 점은, 우리 생활에 SNS가 깊이 자리 잡았고, 과거에 비해 정보량이 압도적으로 증가했다는 것이다.

타이퍼 추구는 합리적?

2020년, 전 세계에서 생성된 디지털 데이터의 연간 총량은 59ZB(제타바이트)를 넘었으며, 2025년에는 180ZB에 도달할 것으로 예상된다. 우리에게 익숙한 GB(기가바이트)로 환산하면 '1ZB = 1조 GB'에 해당하며, 180ZB가 얼마나 엄청난 양인지 알 수 있을 것이다. 처리해야 할 정보가 과거에 비해 압도적으로 증가한 것이다.

'하루 24시간'은 변함이 없지만, 소비자는 유튜브를 비롯한 동영상 플랫폼, 구독 서비스, SNS, 그리고 기존 미디어인 TV, 만화, 게임, 잡지, 음악도 소비해야 한다. 정보가 넘쳐 나는 상황에서 시간 제약이 존재한다고 할 수 있다.

그러나 정보가 넘쳐난다고 해서 그것을 반드시 소비해야 하는 것은 아니다. 또한 유튜브나 틱톡을 시청하거나, 트위터의 타임라인을 거슬러 올라가는 것 역시 타성에 젖어 그저 시간(정보)을 소비하는 측면이 있다. 명확한 목적을 가지고 소비하는 것이 아니라, 그저 흘러나오는 것을 수동적으로 받아들이며, '내일 일찍 일어나야 하니까 이제 그만 자야지', '이제 곧 내릴 역이다', '주문한 라면이 나왔다'와 같은 식으로 소비(시청 등)를 중단하는 계기도 자발적이기보다는 외부 요인에 의해서고, 콘텐츠 소비가 행동과 행동 사이를 연결하는 측면이 더욱 커지고 있다.

명확한 목적도 없이 정보나 콘텐츠를 수동적으로 받아들이는 현대의 소비자들은 왜 시간 소비 효율성을 추구하는 걸까? 절약한 시간을 과연 효과적으로 사용하고 있는 걸까?

소비자들이 경제적 제약 속에서 '어차피 소비해야 할 것이라면' 저렴하게 해결하고, 그렇게 해서 잉여를 늘리거나 최대한의 효용을 얻으려는 것은 합리적인 소비 행태라 할 수 있다. 간단히 말하자면 코스퍼는 금전적인 여유가 없기 때문에, 더욱 저렴하게 소비하고 싶기 때문에 추구하는 것이라고 할 수 있다. 하지만 타이퍼는 시간이 부족해서도 아니고, 절약한 시간을 효과적으로 사용하는 것이 아님에도 불구하고, 여전히 추구된다.

예를 들어, 헬스장에 다니거나, 능동적인 취미에 시간을 쓰거나, 가사 활동 때문이라든가 식의 명확한 목적이 없는 상황에서, 일반적으로 필요하다고 여겨지는 소비 과정을 생략하면서까지 시간을 절약하려는 행태가 과연 합리적이라고 할 수 있을까?

서두에서 언급했듯이, 타이퍼 개념이 널리 인식된 계기는 젊은 층을 중심으로 이루어진 몰아보기 영화나 동영상의 배속 시청 문화이다. 몰아보기 영화란 영화의 영상을 무단으로 사용하고, 자막이나 내레이션을 붙여 10분 정도로 스토리를 요약해 보여 주는 불법 동영상을 말하며, 2021년 6월에 처음 저작권법 위반으로 체포자가 발생했다.

이러한 젊은 층의 동영상 시청 방식은 앞서 언급한『영화를 빨리 감기로 보는 사람들』에서 깊이 논의되었으며, 이 문제가 미디어에서 다루어지는 계기를 제공했다. 일본 트렌드 리서치의 "웹상의 동영상에 관한 설문 조

그림 1-5 '몰아보기 영화'를 시청한 적이 있습니까?

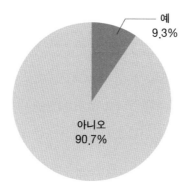

예
9.3%

아니오
90.7%

자료: 일본 트렌드 리서치, "2021년 웹상의 동영상에 관한 설문 조사"
https://trend-research.jp/8733

사"(2021년)에 따르면, 몰아보기 영화를 시청한 경험이 있는 사람은 전체의 9.3%였다.(그중 '불법임을 인식하고 시청했다'는 비율은 15.6%.)

물론, 저작권법 위반임을 인식한 시청 경험자가 솔직하게 '있다'라고 응답하지 않았을 가능성도 있지만, 그럼에도 불구하고 '있다'라는 비율이 대다수는 아니었다.

그럼에도 불구하고, 독자 여러분 역시 다음과 같은 경험이 있지 않은가?

- 인터넷 광고에서 우연히 본 만화의 일부를 읽고, 결말이 궁금하지만 과금하고 싶지 않아서 스포일러 사이트나 리뷰를 찾아본다.
- 드라마나 음악 프로그램을 놓쳐서, 트위터에서 검색하여 불법 업로드된 클립 영상을 시청하며 타임라인의 화제에 뒤처지지 않으려 한다.

- 영화를 보기 전에 트위터에서 일부러 다른 사람의 감상이나 스포일러 게시물을 확인한 후, 영화관에 간다.

이러한 사례들 역시 내용을 알기 위해 저작권법을 위반하거나, 처음 보는 신선함을 일부러 포기한 채 콘텐츠의 내용을 미리 알려고 하는 행동으로, 몰아보기 영화와 그 근저에 있는 소비 욕구는 동일하다고 할 수 있을 것이다.

예를 들어, 영화의 재미에는 영상미, 내용, 배우의 표정, 음악, 장면과 장면 사이의 인터벌 등 여러 가지 요소가 있을 수 있지만, 그것들을 모두 무시하고 요약된 콘텐츠만 소비하는 것은, 간단히 말해 처음 보는 감동을 포기하면서까지 효율성을 추구하는 것과 같다.

그것은 영화 감상의 즐거움을 포기하는 일이며, 내용을 알고 나서 시청하거나, 배속으로 시청하거나, 요약된 내용만 파악하고 마치 본편을 다 본 것처럼 여기는 소비 행위는 분명히 비합리적인 행동이라고 할 수 있다.

그러나 사람들이 그러한 비합리성을 요구하고 있다. 이는 콘텐츠가 감상(예술) 대상에서 소비(소화) 대상으로 변했기 때문이다.

칼럼

롯폰기에서 양상추가 팔리지 않았던 이유

얼마 전 사무실 책상을 정리하다가 쌓여 있던 서류 속에서 흥미로운 신문 기사를 발견했다. 양배추 농가가 롯폰기에서 양배추 직판회를 열었는데, 시식 후 소비자 반응은 좋았지만, 별로 팔리지는 않았더라는 내용이었다.

좋은 제품이라면 왜 팔리지 않았을까? 가격이 비쌌던 걸까? 사람들이 모이지 않았던 걸까? 그렇지는 않았다. 그 직판회는 점심시간에 열렸기 때문에 성황을 이루었던 것 같다. 그렇다면 무엇이 문제였을까? 문제는 '롯폰기'라는 장소에 있었다.

롯폰기는 롯폰기 힐스나 도쿄 미드타운, 이즈미 가든 등의 대형 복합 상업 시설과 고급 맨션, 주일 대사관 등이 집중된 도쿄의 대표적인 번화가이다. 한편 약 5만 7천 명이 일하는 비즈니스 거리로서의 측면도 있다. 이 직판회는 그곳에서 일하는 비즈니스맨들을 대상으로 했던 것 같은데, 그들을 타깃으로 삼은 것이 난점이었다.

아무리 그 양배추가 맛있어도, 비즈니스맨들에게는 구매를 가로막는 세

가지 장애물이 있었을 것이다.

먼저, 그 양배추를 사무실로 가져가야 한다는 점이다. 그들은 모두 점심 시간에 직판회를 들렀기 때문에, 구매를 하면 퇴근할 때까지 양배추를 갖고 있어야 한다. 세련된 사무실에 동료가 양배추를 가지고 돌아왔다면, 당신은 어떻게 생각할까?

다음은 양배추의 판매 상태이다. 물론 매장에 따라 다르지만, 매장에 진열된 양배추는 보통 흙이나 벌레가 묻지 않은 깨끗한 상태이거나 랩으로 포장된 채 판매된다. 하지만 직판회의 채소는 신선도가 생명이기 때문에, 밭에서 수확되었을 때의 상태 그대로를 유지한 채 판매된다. '흙 묻은 채소'나 '산지 직송'하는, 즉 물류 과정에서 손질되지 않은 채소가 선호되는 것은 사실이지만, 이 직판회의 타깃은 비즈니스를 수행하는 직장인들이다. 아직 오후 업무가 남아 있는 상황에서, 그들이 정장이 더러워질 위험을 무릅쓰고 양배추를 살까?

마지막으로 운송이다. 낮에 비해 야간의 인구가 24%로 감소하는 것을 봐도, 비즈니스맨의 많은 수가 롯폰기 이외의 곳에서 통근하고 있다고 생각할 수 있다. 그들이 대중교통을 이용해 귀가할 때, 아무리 맛있어도 평균 1kg이 넘는 양배추를 들고 만원 전철 안에서 흔들리고 싶어 할까?

이처럼 직장인들이 양배추를 사고 싶어도 사기 어려운 상황이 그 직판회에는 존재했던 것이다.

Product(제품), Price(가격), Place(유통 채널), Promotion(프로모션)은 4P 라고 불리며, 마케팅 전략의 기본으로 여겨진다.

이 이벤트의 초점은 4P 중에서 '유통 채널'에 맞춰졌을 것이다. 유통 채

널은 유통 경로(판매 경로)라고도 불리며, 입수하기 어려운 제품을 입수할 수 있게 해 주는 유통 경로는 소비자에게 편리성이 있다고 여겨진다.

직판회에서도, 양배추 농가가 슈퍼마켓에 진열된 것보다 신선한 양배추를 오피스 거리까지 운송하고 있어, 소비자는 양배추 농가까지 직접 가지 않아도 제품을 손에 넣을 수 있는, 겉보기에는 편리한 유통 경로처럼 보인다. 하지만 당연히, 야채는 집에서 소비하는 것이며, 집까지의 유통 비용을 부담하는 것은 소비자이다.

일반적인 슈퍼마켓의 상권이 도보로 500m에서 1km 사이라고 하며, 가장 가까운 상점에서 구입하는 일용품인 채소를 전철에 타고 옮겨야 한다는 사실은 제품 자체의 비용 대비 성능 저하로 이어진다.

이 기사에서 양배추 농가는 "도쿄 사람들은 냉정하다"라고 했지만, 만약 이곳이 롯폰기가 아닌 인근의 아자부주반이었다면, 유기농 식품을 취급하는 슈퍼마켓이 늘어서 있는 지역이기도 하므로 양배추 농가가 원하던 결과가 나왔을지 모른다. 또는, 양배추 농가가 집까지 배송을 책임졌다면 비즈니스맨들도 기꺼이 구매했을지 모른다.

이러한 일은 일상생활에서 결코 드물지 않다. 들어가 보고 싶었던 카레집이 비어 있었지만 비즈니스 미팅 전이라 어쩔 수 없이 포기했다거나, 우연히 들른 가게에서 마음에 드는 옷을 발견했지만 천천히 입어 볼 시간이 없어서 그만뒀다거나, 편의점 계산대가 붐벼서 인기 있는 스낵을 사는 것을 포기했다는 상황처럼, 소비자는 소비하고 싶어도 소비하는 타이밍이나, 집에 가져갈 때까지 얼마나 시간이 걸리는지, 가지고 다닐 수 있는 크기인지, 가지고 다니면서 다른 용무를 처리할 수 있는지 등의 유통 비용을 저울질해 보고, 자신에게 부담이 더 크다면 '구매하지 않는다'는 의사 결정을 내린다.

그리고 어떤 사람들은 구매에 이르지 못했을 때, 이솝 우화의 '신 포도'처럼, 어차피 별로 맛있지 않다거나, 그렇게 예쁘지 않다고 하는 등, 사지 못한(소비하지 않은) 것에 대해 변명을 생각하고, 소비하지 못한 자신을 정당화하려고 한다.

마케팅 전략에서 '유통 경로'는 어떻게 하면 최대한 소비자가 있는 곳 가까이까지 상품을 운반하여 소비자가 사러 가는 수고를 덜어 줄 것인가, 즉 편의성으로 이어지는 개념이다. 매매함으로써 소유권이 상점에서 소비자로 이전되었더라도, 소비자에게는 집에 도착할 때까지 쇼핑이라는 행동이 끝난 것이 아니다. 말하자면 '집에 돌아올 때까지가 쇼핑'인 것이다.

그렇기 때문에 판매자는, 제공까지의 유통 비용(말 그대로 유통에 든 비용)뿐만 아니라, 판매처에서 집으로 가져가는, 소비자가 물리적으로 부담하는 유통의 수고와 심리적 부담을 고려할 필요가 있다.

2장

'소비'되는 콘텐츠

동영상 구독의 압도적인 콘텐츠 양

Z세대를 중심으로 타임 퍼포먼스를 중시하는 소비가 이루어지게 된 배경을 좀 더 자세히 살펴보자. 우선, 그들을 둘러싼 주변 상황에 대해 몇 가지 관점에서 논의해 보겠다.

첫째, 압도적인 콘텐츠 양이다. 이는 일상생활을 통해 독자 여러분도 느끼고 있을 것이다.

동영상 구독 서비스는 엄청나게 많은 동영상을 제공하며, 그 수는 날마다 증가하고 있다. 필자는 넷플릭스(Netflix), 디즈니플러스(Disney+), 테라사(TELASA)에 가입해 있는데, 중복된 작품도 있겠지만, 대략 1만 편 이상의 동영상을 언제든지 볼 수 있다. 필자뿐만 아니라 여러 구독 서비스에 가입한 독자들도 있겠지만, 모든 동영상을 다 보기란 불가능할 것이다.

임프레스 종합연구소의 "동영상 스트리밍 비즈니스 조사 보고서 2023"에 따르면, 응답자의 31.7%가 최근 3개월 이내에 유료 동영상 스트리밍 서비스를 이용한 적이 있다고 했다. 2016년 동일 조사에서는 이용률이 9.2%였기 때문에, 7년 동안 3.4배 증가한 셈이다.

또한 MMD연구소의 "동영상 시청에 관한 이용 실태 조사"에서 동영상 스트리밍 서비스의 시청 시간을 보면, 10대와 20대의 약 70%가 동영상 스트리밍 서비스를 이용하고 있는 것으로 나타났다. 젊은 층에서 일상생활 동영상 구독 서비스가 더 정착되어 있다고 할 수 있다.

또한 티바(TVer)의 급성장도 눈에 띈다. 티바는 도쿄의 주요 5개 민영방송국과 오사카의 5개 민영방송국, 그리고 4개 광고 대행사가 공동 출자했

그림 2-1 유료 동영상 스트리밍 서비스 이용률 추이

■ 3개월 이전에, 유료 동영상 스트리밍 서비스를 이용한 적이 있음
■ 3개월 이내에, 유료 동영상 스트리밍 서비스를 이용한 적이 있음

	2016 (n=40,976)	2017 (n=32,005)	2018 (n=28,107)	2019 (n=22,710)	2020 (n=24,660)	2021 (n=23,317)	2022 (n=21,010)	2023 (n=20,469)
3개월 이전	5.0	6.7	6.3	5.7	6.6	6.3	7.4	6.9
3개월 이내	9.2	9.6	15.0	17.2	21.5	25.6	28.9	31.7

자료: 임프레스 종합연구소, "동영상 스트리밍 비즈니스 조사 보고서 2023".

그림 2-2 동영상 스트리밍 서비스 시청 시간(연령대별)

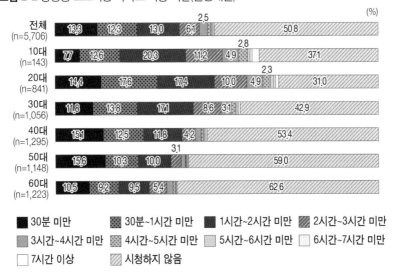

(%)

	30분 미만	30분~1시간 미만	1시간~2시간 미만	2시간~3시간 미만	3시간~4시간 미만	4시간~5시간 미만	5시간~6시간 미만	6시간~7시간 미만	7시간 이상	시청하지 않음
전체 (n=5,706)	13.3	12.3	13.0	6.1	2.5					50.8
10대 (n=143)	7.7	12.6	20.3	11.2	4.9	2.8				37.1
20대 (n=841)	14.4	17.6	17.4	10.0	4.9	2.3				31.0
30대 (n=1,056)	11.8	13.8	17.1	8.6	3.1					42.9
40대 (n=1,295)	15.1	12.5	11.8	4.2						53.4
50대 (n=1,148)	15.6	10.3	10.0	3.1						59.0
60대 (n=1,223)	10.5	9.2	9.5	5.4						62.6

■ 30분 미만　▨ 30분~1시간 미만　■ 1시간~2시간 미만　▩ 2시간~3시간 미만
▨ 3시간~4시간 미만　▨ 4시간~5시간 미만　▨ 5시간~6시간 미만　□ 6시간~7시간 미만
□ 7시간 이상　▨ 시청하지 않음

자료: MMD연구소, "2021년 동영상 시청에 관한 이용 실태 조사"
https://mmdlabo.jp/investigation/detail_1993.html

으며, 광고가 붙은 민영방송 공식 TV 스트리밍 서비스(무료)이다.

임프레스 종합연구소의 "동영상 스트리밍 비즈니스 조사 보고서 2016"[1] 에서는, 2015년 10월에 서비스가 시작된 당시의 티바 이용률을 조사했으나, 2016년 4월 시점에는 6.8%에 머물렀다. 그러나 NTT 도코모 모바일 사회연구소의 "2022년 일반 대상 모바일 동향 조사"에 따르면, 2019년 8.2%, 2020년 10.2%, 2021년 13.4%, 2022년 16.4%로 꾸준히 그 이용률이 증가하

그림 2-3 티바의 이용률 및 인지율

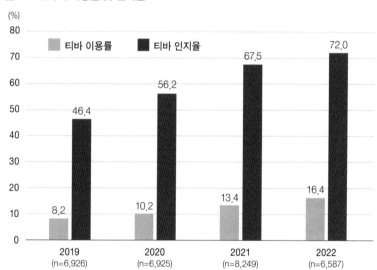

자료: NTT 도코모 모바일 사회연구소, "2022년 일반 대상 모바일 동향 조사"
https://www.moba-ken.jp/project/service/20221205.html

---

1   인프레스 종합연구소, "유료 동영상 스트리밍 서비스 이용률은 9.2%, 이용 경험자는 14.2%: 동영상 스트리밍 서비스에 관한 조사 결과 2016", 2016년 6월 1일
https://research.impress.co.jp/topics/list/video/453

고 있다.

또한 다른 서비스의 이용률과 비교해도, 니코니코 동영상(ニコニコ動画)
은 7.1%, 아베마(ABEMA)는 8.7%로, 티바의 이용률이 더 높은 것으로 나타
났다. 유튜브도 그렇고, 유료 구독 서비스도 그렇고, 티바도 그렇고, 어쨌든
우리 주변에는 '동영상'이 넘쳐 나고 있다.

타이퍼를 추구하기 편해지도록 진화한 플랫폼

동영상 스트리밍 서비스 플랫폼도 타임 퍼포먼스 기능을 갖추고 있다.

유튜브와 넷플릭스를 비롯한 구독 서비스에는 배속 시청 기능이 있어,
플랫폼 측에서 시청자가 배속으로 시청하는 것을 용인한다. '시간이 없는
당신을 위해 배속 시청을 권장합니다'라는 느낌으로 배속 시청을 조장하는
광고를 방송하는 서비스도 존재한다.

크로스 마케팅의 "2021년 동영상 배속 시청에 관한 조사"에 따르면, 전
체 응답자 중 34.4%가 동영상 배속 시청 경험이 있다고 응답했다. 특히 20
대는 49.1%로 거의 절반이 배속 시청 경험이 있었다.

또한 유튜브에 한정하자면, 동영상을 업로드하는 이가 챕터 기능을 사용
시 시청자는 동영상의 흐름을 미리 파악할 수 있고, 동영상의 댓글란이나
설명란에 있는 재생 시간 지정(예: "3:05 여기 너무 재미있음 ㅋㅋ" 같은 댓글)으
로 점프 기능을 쓰면, 해당 동영상의 하이라이트로 쉽게 이동할 수 있다.

긴 영상이나 썸네일의 내용을 확인하기 위해, 댓글란을 열어 하이라이트

그림 2-4 동영상 콘텐츠 배속 시청 경험

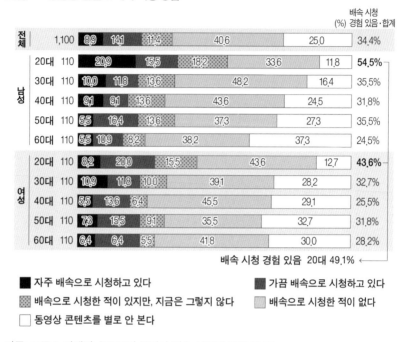

배속 시청 (%) 경험 있음·합계

							배속 시청 경험 있음·합계
전체	1,100	8.9	14.1	11.4	40.6	25.0	34.4%
남성 20대	110	20.9	15.5	18.2	33.6	11.8	54.5%
30대	110	10.0	11.8	13.6	48.2	16.4	35.5%
40대	110	9.1	9.1	13.6	43.6	24.5	31.8%
50대	110	5.5	16.4	13.6	37.3	27.3	35.5%
60대	110	5.5	10.9	8.2	38.2	37.3	24.5%
여성 20대	110	8.2	20.0	15.5	43.6	12.7	43.6%
30대	110	10.9	11.8	10.0	39.1	28.2	32.7%
40대	110	5.5	13.6	6.4	45.5	29.1	25.5%
50대	110	7.3	15.5	9.1	35.5	32.7	31.8%
60대	110	6.4	6.4	5.5	41.8	30.0	28.2%

배속 시청 경험 있음 20대 49.1% ←

■ 자주 배속으로 시청하고 있다　　　　■ 가끔 배속으로 시청하고 있다
▨ 배속으로 시청한 적이 있지만, 지금은 그렇지 않다　　▨ 배속으로 시청한 적이 없다
□ 동영상 콘텐츠를 별로 안 본다

자료: 크로스 마케팅, "2021년 동영상 배속 시청에 관한 조사"
　　　https://www.cross-m.co.jp/report/life/20210310baisoku

부분을 찾아 그곳으로 점프하는 방식으로 영상을 보는 독자도 많지 않을까 싶다.

또한 하이라이트 추출 기능을 이용하면, 영상 전체에서 어떤 부분이 자주 시청되는지 한눈에 알 수 있다. 스크롤 기능도 효율적으로 보고 싶은 부분을 시청하기 위한 기능이라고 할 수 있다. 어떤 부분을 보면 효율적으로 영상을 소비할 수 있는지, 플랫폼의 기능을 활용하여 알 수 있다는 점도 영상의 소비 효율을 높이고 있다고 할 수 있다.

그림 2-5 정액제 음악 스트리밍 서비스 이용자 수요 예측

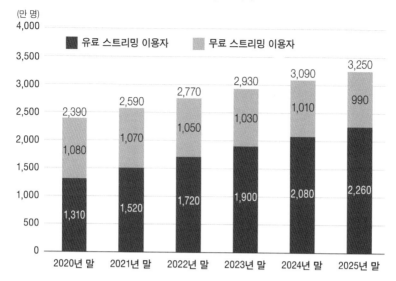

자료: ICT 종합연구소, "2022년 정액제 음악 스트리밍 서비스 이용 동향에 관한 조사"
https://ictr.co.jp/report/20221111.html/

　또한 구독 서비스는 동영상에만 국한되지 않고 음악 시장에도 정착하고 있다. ICT 종합연구소의 "2022년 정액제 음악 스트리밍 서비스 이용 동향에 관한 조사"에 따르면, 정액제 음악 스트리밍 서비스의 유료 서비스 이용률은 24.2%, 무료 서비스 이용률은 22%였다. 이용자 수는 2025년 말까지 유료·무료 사용자를 합쳐 3,250만 명에 이를 것으로 추정된다.

인트로는 건너뛰고 주요 부분만 듣는다

여기서 이야기가 조금 벗어나지만, 요즘 젊은이들 사이에서 인트로는 물론, A 멜로디와 B 멜로디도 건너뛰고 후렴만 즐기는 사람이 늘고 있다는 사실을 알고 있는가?

미국 오하이오 주립대학교의 대학원생인 유베르 레베이에 고반(Hubert Léveillé Gauvin)이 1986년부터 2015년까지 빌보드 차트 톱 10에 들어간 곡으로 시대별 곡의 구성이나 요소, 제목 등의 변화를 분석한 결과에 따르면, 1980년대에는 평균 약 20초였던 인트로가, 현재는 약 5초로 줄어들었다고 한다.

이러한 배경에는 구독 서비스의 급속한 보급이 있다고 한다. 음악 메타데이터 회사인 '에코 네스트(Echo Nest)'의 데이터 과학자인 폴 라미어(Paul Lamere)은 2014년 자신의 블로그에서 전 세계 스포티파이(Spotify) 사용자 수백만 명의 수십억 재생을 분석하고, 스킵률만을 추출한 데이터를 공개한 바 있다.[2]

스트리밍에서는 일반적으로 30초 이상 재생되지 않으면 '1회 재생'으로 간주되지 않아 수익이 발생하지 않는다고 알려져 있다.

하지만 라미어에 따르면, 청취자가 곡을 처음부터 들었을 경우, 5초 이내에 24.14%, 10초 이내에 28.97%, 30초 이내에 35.05%가 곡을 스킵한다

---

2 The Skip I Music Machinery
https://musicmachinery.com/2014/05/02/the-skip

그림 2-6 연령대별 곡 스킵률

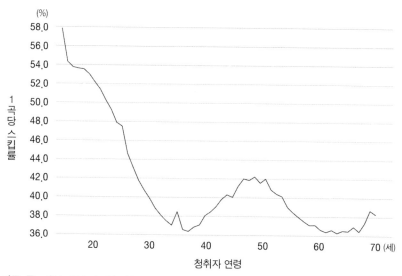

자료: The Skip | Music Machinery
https://musicmachinery.com/2014/05/02/the-skip

고 한다. 일반적인 스포티파이 사용자가 한 시간 동안 곡을 스킵하는 평균
횟수는 '14.65회'로, 4분에 한 번 스킵하는 셈이다. 또한 스킵률을 보면 10
대와 20대가 가장 높아 58%인 반면, 30대 중반이 되면 점차 감소하고, 40대
후반부터 50대 초반이 되면 다시 증가한다.

　라미어는 이 이유에 대해 스킵률이 그 사람의 자유 시간 정도를 나타낸
다고 설명했다. 10대 젊은이는 스트리밍 중 음악 선택에 할애할 시간이 많
기 때문에 스킵률이 높지만, 나이가 들수록 자녀를 양육하거나 근무하는 시
간 동안 스트리밍을 이용하는 사용자가 많아 음악 플레이어에 신경 쓸 여유
가 없다고 분석했다.

또한 스포티파이의 애널리스트인 크리스 타이넌(Chris Tynan)은 40대 후반의 스킵률이 다시 상승하는 배경에는 자녀들이 부모의 계정을 이용하여, 부모가 좋아하는 곡을 스킵하고 있을 가능성이 있다고 분석했다.

스트리밍 서비스에서 제대로 재생되기 위해서는, 재생 후 바로 '포인트'를 잡지 않으면 즉시 스킵되기 때문에, 인트로를 짧게 하거나 갑자기 후렴구부터 시작하는 등, 니즈를 파악할 필요가 있다. 또한 틱톡이나 유튜브의 숏폼 영상의 BGM은 후렴구 루프의 반복이 기본 전제로 되어 있기 때문에 캐치한 멜로디가 귀에 쉽게 남는 경우가 많아서 틱톡에서 시작되어 히트하는 곡도 많다. 그 외에도 보카코레(The VOCALOID Collection의 약칭, 과거 NicoBox)는 니코니코 동영상을 음성만으로 백그라운드에서 재생할 수 있는 음악 플레이어 앱인데, '하이라이트(= 사비) 메들리' 기능을 사용하면, 랭킹에 올라와 있는 영상이나 선호하는 플레이리스트의 후렴구만 재생할 수 있다. 젊은이들 중에는 효율적으로 하이라이트(가장 맛있는 부분)를 소비하고 싶어 하는 사람들이 많기 때문이다.

동영상은 어쨌든 '짧게'

음악을 들을 때 하이라이트만 즐기는 젊은이들이 많아졌다고 했지만, 영상에서도 '10분을 보는 게 힘들다'라고 생각하는 젊은이들이 늘고 있다. 이는 6초가량의 영상을 게시할 수 있는 바인(Vine, 2016년 서비스 종료)이나 15초 영상을 게시할 수 있는 틱톡(최근에는 긴 영상도 게시할 수 있게 됨) 등 숏폼 영상 공유 서비스가 SNS의 주류가 된 것이 큰 요인이다.

틱톡이 젊은이들의 SNS 중심이 되면서 유튜브에도 틱톡을 의식한 숏폼 영상이 게시되기 시작했다. 유튜버들이 틱톡 영상을 활용해 유튜브로 유도하려 하거나, 틱톡 영상이 유튜브, 인스타그램, 라인, 페이스북 등 다른 플랫폼에 재사용되는 등, 틱톡의 영향력이 크다. 그 결과, 15초 내에 기승전결이 있는 영상이나, 정교하지 않은 즉석 오락물도 만족할 수 있는 소비문화가 함께 정착된 것이라 할 수 있다. 수준이 높은 긴 영상을 한 편 보는 것보다, 짧은 영상을 여러 편 본 사실(소비한 사실)이 만족도가 높다고 생각하는 소비자들이 늘어난 것일지도 모른다.

여담이지만, 이러한 경향은 영화 시청 태도에서도 나타나기 시작했다. 엔터테인먼트 업계를 위한 데이터 및 디지털 마케팅 서비스를 제공하는 GEM Partners의 "보고 싶은 영화일지라도 영화관에서 감상하기를 망설이게 하는 상영 시간의 길이"에 관한 조사에 따르면, '보고 싶은 영화의 상영 시간 길이 때문에 영화관에서 감상을 망설일 때가 있는가'라는 질문에 74%가 '그렇다'라고 답했다.

2018년 이후, 상영 시간이 140분 이상인 영화가 증가하는 추세이다. 이는 스토리가 방대해지고, 점차 시장 전체가 긴 영화를 선호하게 된 것, 〈타이타닉〉, 〈아바타〉, 〈어벤저스〉와 같은 긴 작품들이 메가 히트한 덕에 그 정도의 상연 시간이라도 소비자들이 볼 거라고 여긴 풍조가 형성된 게 영향을 미친 듯하다.

그러나 약 4명 중 3명이 상영 시간이 길면 영화관에서 감상하기를 망설인다고 한다. 상영 시간 120분(2시간) 이상에서는 21%, 140분(2시간 20분)

이상에서는 33%, 160분(2시간 40분) 이상에서는 45%, 180분(3시간) 이상에서는 63%가 망설인다고 답했다.

상영 시간이 원인이 되어 시청을 망설이게 되는 건 영화를 좋아한다는 사람들에게는 아까운 일처럼 느껴질 수도 있지만, 확실히 상영 시간을 보고 놀라서 마음의 준비를 하고 영화관에 가는 경우가 많아진 것도 사실이다.

또한 2021년경 티바에 '씬(scene) 공유' 기능이 추가되어, 사용자가 SNS로 공유하고 싶은 장면에서 일시 정지하고 공유 버튼을 누르면 URL이 생성된다. 이 URL을 클릭한 다른 사용자는 티바에서 해당 부분을 바로 볼 수 있다. 프로그램 전체를 보지 않아도 되고, SNS에서 화제가 된 장면을 보기 위해 굳이 프로그램을 스크롤하거나 스킵하지 않아도, 다른 사용자가 재미있다고 느낀 하이라이트 부분만 효율적으로 소비할 수 있는 것이다.

하지만 어차피 '씬 공유' 기능에 의존하지 않더라도, SNS에는 TV나 영화의 하이라이트가 잘려서 불법으로 업로드되는 경우가 많으므로, 합법 여부는 별개로 하더라도 소비자는 쉽게, 번거롭지 않게 영상의 중요한 부분만 소비할 수 있게 된 것도 사실이다.

이와 같이, 긴 영상이나 전체 영상이 아닌 가장 중요한 부분만 소비하는 시청 방식으로 인해 기승전결의 '전'이나 '결' 부분만으로도 만족하는 사람들이 늘고 있다. 그래서 SNS에서 화제가 된 프로그램의 줄거리를 보거나, 스포일러 영상을 통해 흐름을 알고 난 후에 하이라이트 부분만 골라 시청해서 영상을 다 본 것 같은 느낌을 받을 수 있는 것이다.

대학생의 생활비는 30년 전의 4분의 1로

1장에서 가성비가 중요해진 요인은 불경기에 있으며, '잃어버린 30년'을 중심으로 한 일본 경제의 침체가 가성비라는 개념이 확산된 이유라고 논의했다.

한편 젊은 층을 중심으로 타임 퍼포먼스(시간 대비 효율)가 중요해진 콘텐츠 시청 방법도 불경기와 큰 관련이 있다.

도쿄 지역 사립대학교직원조합연합(도쿄 사대교련)이 1도 3현(도쿄도, 사이타마현, 치바현, 도치기현)의 11개 사립대학 및 단기 대학에 입학한 2022년도 신입생 보호자를 대상으로 실시한 "2022년도 사립대학 신입생의 가계 부담 조사"에 따르면, 월평균 송금액에서 월세를 제외한 생활비는 2만 1,300엔이었다. 참고로, 과거의 최고 금액은 1990년 7만 3,800엔으로, 지난 30년 동안 대학생이 부모에게 받을 수 있는 생활비는 거의 4분의 1로 감소했다.

또한 JS 코퍼레이션이 고등학생을 대상으로 실시한 "용돈 액수, 용돈 사용처(2023년)"에 따르면, 매달 받는 용돈 액수는 약 절반이 5천 엔 이하인 것으로 나타났다.

물가와 교제비 상승을 고려하면, 대학생도 고등학생도 만족스러운 소비 경험을 추구하는 경우, 용돈만으로는 충분하지 않을 것이다.

불경기로 인해 젊은이들의 소비 성향도 변하고 있다. 쇼와 후반(1980년대)이나 헤이세이 초기(1990년대)에 고도 경제성장과 버블의 여파도 있어, '좋은 대학에 들어가고, 좋은 기업에 취직한다', '결혼해서 성대한 결혼식을 연다'와 같은 누구나 그리기 쉬운 획일화된 행복이 존재했다. 부모가 깔아

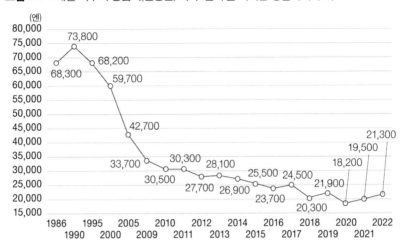

그림 2-7 '6개월 이후의 송금액(월평균)'에서 '월세'를 제외한 생활비의 추이

자료: 도쿄 사대교련, "2022년도 사립대학 신입생의 가계 부담 조사"
http://tfpu.or.jp/wp-content/uploads/2023/04/20230405kakeihutanntyousa.pdf

놓은 레일이 바로 이런 것이었으며, 다른 사람들과 비교했을 때 이렇게 틀이 잘 잡힌 생활을 할 수 있다는 것 자체가 행복으로 여겨졌을지도 모른다.

'좋아하는 일을 하며 살아간다'가 긍정적으로 평가 받게 되다

인생의 목표나 비전뿐만 아니라, 버블 시대에는 고급 브랜드 제품이나 골프, 스노보드와 같은 레저가 적극적으로 소비되었으며, 상사가 추천한 물건을 순순히 받아들여 소비했던 독자들도 있지 않을까 생각한다.

당시의 상사는 획일화된 행복을 누리고 있는 가장 가까운 예시였고, 그들이 보여 주는 행복 자체가 따라서 소비하게 되는 이유였다. 그러나 Z세대 중에는 이러한 가치관이 반드시 행복으로 이어진다고 생각하지 않는 층도 존재한다.

버블 시대에 펑펑 쓰던 호화로운 소비는 역력히 쇠퇴한 기색이고, 눈앞의 행복만을 고려하는 경우, 대기업과 중소기업 모두 젊은 사원의 급여는 큰 차이가 없어 대기업에 입사하는 메리트를 찾기 어려워졌다. 대기업 중에 근무 환경이 열악한 곳도 있고, 예전의 기업 전사들처럼 일이나 기업 브랜드에 자부심을 가지고 몸 바쳐 일하는 것에 대한 가치관도 크게 변했다.

유튜브와 SNS의 보급은 젊은이들에게 개인 사업자나 이직의 성공 사례를 제시하여 종신고용제도에 의문을 품게 하는 계기를 제공했다. 2011년에는 유튜버 히카킨이 데뷔했고, 당시에는 지나치게 낙관적이라고만 여겨졌던 '좋아하는 일로 살아간다'는 신념이 이제는 많은 유튜버와 인플루언서의 성공으로 인해 긍정적으로 평가 받고 있다. 취직하고 결혼하고 가정을 이루는 것과 같은 획일화된 행복 이외에, 개인이 자신의 행복(하고 싶은 일)을 추구하는 가치관도 널리 확산되고 있다.

또한 호황기에는 확실히 돈을 잘 버는 상사를 보면서, 나도 저 사람처럼 되고 싶다, 이대로 계속하면 저 사람만큼 벌 수 있을 것 같다고 생각하며, 눈앞의 당근에 동기를 부여해 일했을지도 모른다. 그러나 불경기에는 그런 정도의 매력을 부하에게 보여 줄 수 있는 상사가 줄어들었다는 사실이 일에 대한 동기 부여가 예전과 달라진 또 하나의 큰 이유일지도 모른다.

성공과 성취가 획일화된 이미지이던 시절에는, 자신이 되고 싶은(바람직하다고 여겨지는) 모습이 되기 위해 현재의 자신으로부터 역산하여 그 길(이상적인 자신이 되기 위한 과정, 수단, 자격 등)을 따라갈 수 있었다. 하지만 불확실한 시대에는 바람직한 모습을 그리기가 어렵다.

2010년대에 들어서면서 VUCA(Volatility불안정성, Uncertainty불확실성, Complexity복잡성, Ambiguity모호성)의 시대라고 불리며, 미래를 예측하기에는 너무나도 앞날이 불투명해졌다. '바람직한 모습'도 사라져 가고, 각자가 행복하면 그만이고, 각자의 가치가 존중되면 좋다고 하는, 즉 획일화와 상반되는 다양성이 나타나기 시작했다고도 할 수 있을 것이다.

'젊은 세대의 ○○ 이탈'의 진실

이러한 행복관의 변화는 소비에 대한 가치관도 변화시킨다. 물건을 소유하는 것이 일종의 지위처럼 여겨지던 시절에는, 대중매체의 광고가 소비를 촉진하며 필요하지는 않지만 생활을 풍요롭게 하는(생활이 풍요로운 것처럼 보이게 하는) 물건들을 사람들이 경쟁적으로 소비하기도 했다.

그러나 이러한 소비의 근저에는 '획일화된 행복'이 있었고, 이러한 가치관은 소비를 통해 그릴 수 있는 행복에 대한 비전이나 소비 대상인 물건, 레저로 가득 차 있는 사실 자체가 행복했기 때문에 성립한 것일 수도 있다. 그러나 요즘의 경기 상황은 결코 좋다고 할 수 없으며, 애초에 획일화된 행복을 매력적이라고 생각하지 않는 Z세대도 많다. 그래서 자신에게 필요하지 않은 물건에 소비할 때 이유나 근거를 필요로 하게 된다.

'골프 쳐라', '좋은 시계 차라'처럼, 일종의 지위를 구축하는 소비를 권유 받아도, '왜 (생활도 어려운데, 원하는 물건도 못 사는데, 체면을 차리려고) 갖고 싶지도 않은 물건을 사야 하지?'라는 의문이 생기는 게 전혀 이상하지 않은 상황이 되었다.

소비에 소극적인 젊은이들의 태도가 '○○ 이탈'이라고 비아냥 섞인 야유를 받는 경우도 있지만, 극단적으로 말해, 앞서 언급한 것들도 공짜로 준다면 거부할 사람은 없지 않을까? 그렇다면, 그 물건이나 서비스가 거부되는 것이 아니라, 자신의 생활이나 수입 등을 고려하여 '필요하지 않다', '구매할 수 없다'라고 판단하고 소비 행동으로 옮기지 않는 것일 뿐이다.

돈이 없어서 획일화된 행복을 누릴 수 없고, 누릴 수 없기 때문에 그것을 행복이라고 인정하지 않는다는 시각이 있을 수 있다. 또는 획일화된 행복을 누릴 수 없기 때문에 다른 형태로 행복을 찾아내고 있다는 시각도 있을 수 있다. 어쨌든, 자신들이 살아가는 데 있어, 불필요한 소비로 인해 생활이 곤궁해지느니 소비하지 않겠다는 가치관이 생기는 것은 어찌 보면 당연한 일이다.

한편 젊은이들, 특히 Z세대의 시장 환경은 이전 세대와 비교했을 때, 앞서 언급한 대로, 인터넷의 보급과 무엇보다도 SNS의 인프라화에 따라 얻을 수 있는 정보량이 압도적으로 증가했고, 그에 따라 소비하고 싶어지는 물건이나 경험에 접할 수 있는 기회도 많아졌다.

이제까지 몰랐던 것에 흥미를 가지게 되거나, 잠재적인 욕구를 충족시켜주는 상품이나 서비스를 만날 기회도 늘어나는 셈이므로, 자유롭게 쓸 수 있는 돈은 예전보다 줄어들었는데도, 사고 싶은 물건은 점점 늘어난다.

또한 소비 결과를 SNS에 게시하고 다른 사용자로부터 반응을 얻기 위한 소비문화가 정착하고 있는 것도 부정할 수 없다. 어떤 사소한 소비 결과라도 SNS에 게시되며, SNS에는 다른 사람들의 소비 결과가 넘쳐 나고 있다.

다른 사람들의 게시물(소비 결과)은 소비에 대한 유사 체험의 측면을 가지고 있다. 그렇기 때문에 이러한 게시물을 보고 소비 욕구가 생겼다고 해도, 게시물에 붙은 해시태그를 보면 비슷한 소비 결과로 가득 차 있어 굳이 자신이 소비(구매)할 필요가 있는지, 물건을 소유할 필요가 있는지 고민하는 과정도 Z세대의 소비 행동의 일부가 되고 있다.

SNS에 넘쳐 난다는 것은 재현성이 높고, 다시 말해 누가 해도 비슷한 결과밖에 나오지 않는다는 것이다. 다양한 소비의 유사 체험이 SNS에 넘쳐 나고, 그 현상, 그 상품, 그 엔터테인먼트 등 각 소비 결과가 재미있어 보이기 때문에 '굳이' 자신이 소비할 필요가 있는지 탐구하고, 다른 사람의 게시물 결과를 보는 것만으로 만족할 수 있다면 '굳이' 소비 행동으로 옮길 필요가 없다.

어떤 의미에서는 다른 사람의 행동을 검토하기 때문에 자신의 소비 행동을 되돌아보며 소비의 필요성을 판단한다고도 할 수 있을 것이다. 게다가 인터넷의 유행 주기는 빠르고, 모두가 앞다투어 소비할 때 따라 하면 이미 게시물에 대한 반응이 미미해진 시점이며, 유행이 지나고 나면 '이제 와서'라는 느낌이 든다. 물론 SNS에 게시하지 않으면 그만이지만, 게시하지 않으면(가시화되지 않으면) 그 소비는 없는 것과 마찬가지인, 즉 다른 사람을 의식해 소비가 이루어지는 문화가 깊이 뿌리내리고 있다.

소유하지 않는다. 구독, 공유, 중고 거래로 충분하다

이러한 배경에서, 돈에 여유가 없지만 시간과 정보는 많아서 돈을 들이지 않고도 오락을 즐기고 싶어 하는 젊은이들이 많다. 그중 '프리-미엄(free-mium)'처럼 '기본적인 서비스나 상품을 무료로 제공하는 프리(free)'와 '보다 고급 서비스나 상품을 유료로 제공하는 프리미엄(premium)'을 결합하여 수익을 확보하는 비즈니스 모델에 대한 수요가 증가하고 있으며, 굳이 물건을 구매하지 않고도 구독 서비스(서브스크립션)로 목적을 달성하는 가치관을 가진 Z세대도 늘고 있다.

미국의 경제학자 시어도어 레빗(Theodore Levitt)은 자신의 저서에서 "드릴을 사러 온 사람이 원하는 것은 드릴이 아니라 '구멍'이다"라고 말했다. 이는 고도 경제성장기나 버블 시대의 소비 패턴처럼 물건을 구매하는 것 자체에서 얻는 행복감, 물건이 넘치는 생활에서 오는 행복감보다는 물건을 사용함으로써 얻는 효용에 더 중점을 두고 있다고 할 수 있다.

프리-미엄에 대해 말하자면, 스마트폰 게임이나 유튜브, 만화 사이트, 티바 등은 돈을 들이지 않고도 즐길 수 있다. 프리-미엄으로 다양한 콘텐츠를 소비할 수 있는 환경이기 때문에, 망가무라(漫画村, 만화마을: 일본의 만화, 서적 관련 해적 사이트로 2018년 4월 17일 사이트가 폐쇄되었다－옮긴이 주)를 비롯한 불법 만화 업로드 사이트를 이용하거나 몰아보기 영화를 시청한다든지 또는 SNS에 동영상을 무단으로 업로드하거나 이미지를 전재하는 등, 모든 콘텐츠를 무료로 소비할 수 있다고 잘못 인식하거나, 콘텐츠 소비 경계가 명확하지 않은, 즉 저작권 리터러시가 낮은 사람들도 종종 볼 수 있다.

Z세대의 입장에서는 공짜로 볼 수 있고, 공짜로 사용할 수 있다는 점에서 프리-미엄이든 불법 서비스든 둘 다 똑같기 때문이다.(동영상 구독 서비스도 부모의 계정을 사용하는 사람이 많아서 그들에게는 사실상 무료인 셈이다.) 공짜로 해결할 수 있다면, 필요하지 않은 것에 굳이 돈을 지불할 필요가 없다는 가치관이 형성된 것이라고 할 수 있다.

구독 서비스 시장에서는 동영상 스트리밍에 국한되지 않고, 자동차나 불고기, 절화(장식용으로 잘린 꽃-옮긴이 주)까지 다양한 상품과 서비스를 정기적으로 구독할 수 있어, 소비자는 물건이나 권리를 소유하지 않고도 가질 수 있는 시대가 되었다.

또한 메루카리와 같은 중고 거래 앱이 보급됨으로써 중고 제품도 괜찮다는 생각이나, 애초에 소유할 필요가 있는가 하는 생각을 가진 사람들도 있다. 프리-미엄에 의해 형성된 가치관과 마찬가지로, 굳이 자신이 소비할 필요가 있는지 고려하는 생각과 함께 소비에서 실패하고 싶지 않다는 생각이 배경에 있는 것이라고도 할 수 있다.

잠깐의 '자투리 시간'이 사라졌다

지금까지 Z세대가 소비에 대해 소극적인 이유를 ① 필요하지 않은 것을 굳이 소비하고 싶지 않다, ② 정보가 많아짐에 따라 소비하고 싶은 것도 늘고 있다는 측면에서 논의했다. 이러한 배경에서 돈을 들이지 않아도 즐길 수 있는 유튜브나 티바와 같은 무료 동영상 스트리밍 서비스나, 정액제로 무제한 시청이 가능한 넷플릭스와 같은 유료 구독 서비스, 광고만 보면 즐길 수 있는 스마트폰 게임이나 만화 앱 등의 콘텐츠를 소비하며 여가 시간을 보내는 것이 가성비가 좋다고 생각하는 소비자가 늘어나고 있다.

무엇보다, 가성비에 대한 판단조차 이제는 무의식적으로 내리며, 공짜라면 한번 봐 보자, 공짜니까 해 보자, 슈퍼마켓에서 시식하는 것처럼 깊이 생각하지 않는 즉흥적인 소비가 이루어지고 있다. 돈을 들이지 않고 소비할 수 있기 때문에, 소비하고 싶어지는 것들이 넘쳐 나고, 그 결과 각각의 콘텐츠가 감상 대상이 아니라 소화의 목적으로 전락하고 있는 것이다.

옛날에는 미디어에 접근하려면 조건이나 제약이 있었다. 예를 들어 TV만 해도, 전원을 켜는 능동적인 행동을 해야 했다. TV가 있는 방이 아니면 정보를 접할 수 없었기 때문에 장소 제약도 있었다고 할 수 있다.

인터넷에도 접속하려면 먼저 컴퓨터를 켜야 했다. 전철에서 잡지나 신문을 읽으려면 그것을 전철에 가지고 들어가야 했다. 이처럼 이전에는 능동적인 행동이나 장소의 제약이 있었기 때문에 정보를 얻을 수 없는 시간이 더 많은 소비자가 대부분이었을 것이다.

한편 현재 자신이 미디어와 접촉하는 지점을 생각해 보자. 아침에 일어나 아침 식사를 하면서 스마트폰을 열고, 출근길 전철 안에서 스마트폰을 열고, 점심시간이나 근무 중에도 스마트폰을 열고, 퇴근 후 저녁 시간에도 스마트폰을 열고, 저녁 식사 후 잠들기 전까지도 스마트폰을 계속 사용할 수 있다.

현대에는 마음만 먹으면 하루 종일 스마트폰을 통해 정보를 얻을 수 있다. 장소의 제약조차 없어져서 화장실에서나 목욕하는 중에도 정보를 얻을 수 있다. 스마트폰을 손에 들기만 하면 정보의 물결이 그곳에 존재하는 것이다.

자투리 시간도 동영상 시청이나 SNS로 채울 수 있기 때문에, 그 짧은 시간 내에 완결할 수 있는 동영상을 선호하게 된다. 그러다 보니 점점 더 짧은 동영상에 대한 수요가 생기고, 콘텐츠를 간단히 소비하려고 한다. 필자는 여기에 '즉각적으로 오락에 대한 욕구를 충족시키는 콘텐츠 소비문화'가 있다고 생각한다.

여기까지의 정리 ❶

● 구독 서비스를 비롯한 동영상 시청 플랫폼이 난립하고, 방대한 영상이 넘쳐 남
  → 동영상을 꼼꼼히 시청하기보다는 '본전을 뽑고 싶다', '플랫폼 송출 기간이 끝나기 전에 보고 싶다', '화제작이니 꼭 봐야 한다'는 식의 의무감이 생겼다.
● 동영상 시청 플랫폼도 타이퍼를 추구하기 쉬운 서비스를 제공
  → 타이퍼를 의식하는 사람들은 물론, 의식하지 않았던 사람들에게도 배속 시청 등의 습관을 심어 주었다.
● 동영상은 무조건 짧게, 음악은 바로 후렴구로
  → 하나의 콘텐츠에 할애하는 시간이 짧아졌다.
  → 정교하지 않은 즉석 콘텐츠라도 재미있으면 입소문을 타는 소비문화가 자리 잡았다.

● 돈에 여유가 없는 × 시간이 많은 × 정보가 많은

→ 돈을 들이지 않고 오락을 얻기 위해 수동적인 행동(콘텐츠 소비)에 시간을 소비하고, 그러한 소비 대상이 넘쳐 나게 되었다.

→ 하나하나의 콘텐츠가 감상이 아닌 소화 목적으로 변했다.

● 짧은 자투리 시간도 동영상 시청이나 SNS로 채우고 싶음

→ 그 자투리 시간 내에 끝나는 동영상을 선호하게 되어, 점점 더 짧은 동영상에 대한 수요가 생겼다.

→ 자투리 시간이 없어졌다.

3장

Z세대의 '욕망'을 읽어 내다

'40% 이상'이 스포일러를 당한다

콘텐츠의 공급 과잉은, 특히 Z세대 사이에서 '소화할 수 있는 시간은 한 정되어 있으니, 그 시간을 낭비하면서까지 소비한 콘텐츠에서 불쾌감이나 지루함을 느끼고 싶지 않다', 즉 소비에 실패하고 싶지 않다는 가치관을 낳게 된다.

콘텐츠 소비에 실패하고 싶지 않고 시간을 낭비하고 싶지 않기 때문에, 줄거리나 하이라이트만 보고 소비한 것처럼 느끼거나, 좋아하는 음악의 후렴구나 좋아하는 영상의 가장 재미있는 부분만 소비하는 방식이 선호되는 것이다.

SHIBUYA109 lab.의 "Z세대의 영상 콘텐츠를 즐기는 방식에 관한 의식 조사"에 따르면, Z세대의 90%가 가성비를, 80% 이상이 타이퍼를 의식한다고 한다. 그중 타이퍼에 관한 'Z세대의 영상 콘텐츠 시청 태도' 항목을 보면, 구독형 영상 콘텐츠를 볼 때 81.3%가 '다른 것을 하면서 보기', 51.5%가 '스킵하기', 48.6%가 '배속 보기', 44.3%가 '스포일러'를 한다고 한다. 대략 말하자면, 절반 이상이 효율적으로(타이퍼를 의식하며) 콘텐츠를 소비하고 있는 셈이다.

여러 차례 언급했듯이, 쓸 수 있는 금액에는 한계가 있지만 정보량은 늘어나고, 흥미를 끄는 것도 많아진 반면, SNS에는 재현 가능한 게시물이 넘쳐 나서 자신이 굳이 그것을 소비할 필요가 있는지 고민하는 소비 행동이 젊은이들 사이에 정착되고 있다.

또한 이전 장에서 논의한 바와 같이, 자신이 관심 없는 것은 현명하게 소

그림 3-1 Z세대의 영상 콘텐츠를 즐기는 방식에 관한 의식 조사

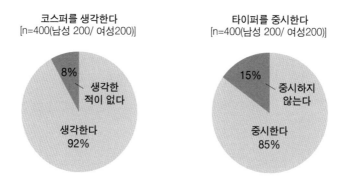

코스퍼를 생각한다
[n=400(남성 200/ 여성200)]

8%
생각한
적이 없다
생각한다
92%

타이퍼를 중시한다
[n=400(남성 200/ 여성200)]

15%
중시하지
않는다
중시한다
85%

자료: SHIBUYA109 lab., "2022년 Z세대의 영상 콘텐츠를 즐기는 방식에 관한 의식 조사"
https://shibuya109lab.jp/article/220818.htm

비하고, 자신이 관심 있는 취미나 사안에 집중적으로 소비하고 싶어 하는 성향도 가지고 있다. 더불어, 인터넷의 유행은 빠르게 변하기 때문에, 자신이 소비할 때 쯤에는 그 유행이 이미 시들해진 경우도 흔하다.

이러한 점을 고려하면, 스포일러를 접해 두는 것은 소비에 실패하지 않기 위한 리스크 헷지인 것이다. 또한 소비할 콘텐츠가 많기 때문에 매번 감정이 흔들리는 데서 스트레스를 느끼는 젊은이들도 많으므로, 사전에 결말이나 전개를 알고 싶어 하는 이들도 있다.

영화관은 타이퍼가 나쁘다

돈이나 시간을 굳이 들였는데도 재미없거나 쓸모없는 결과가 나오면, 젊

은이들은 그것을 '손해'라고 해석한다. 젊은이들이 말하는 손해란, 기존의 비용 대비 효과에 부합하지 않는 소비 결과에 더해, 그 소비를 통해 발생한 다른 소비 기회의 손실, (자신과 관계가 없더라도) 다른 사람만 이득을 보는 상태 등, 소비로 인해 생겨나는 부정적인 영향이다.

'이렇게 재미없는 걸 소비하지 않았다면, 다른 재미있는 걸 소비할 수 있었을 텐데······', '다들 공짜로 받고 있는데, 나는 정가로 사버렸다······' 등 실제로 손실이 발생하지 않았더라도, 부정적인 감정이 드는 것을 피하고 싶어 하며, 손해를 회피하는 것이 소비를 결정짓는 큰 요인이 되고 있다.

젊은이들이 영화, 특히 영화관에서의 시청 경험에 저항감을 나타내는 이유로는 다음과 같은 것들이 있다.

- 영화 요금을 지불할 여유가 없다(다른 것에 돈을 쓰고 싶다).
- 재미있는지 알 수 없는 영화에 시간과 돈을 들이고 싶지 않다.
- 감상 중 다른 일을 할 수 없는 것에 대한 스트레스(멀티태스킹으로 정보를 소비하고 싶다)
- 예기치 않은 감정 기복을 겪는 것이 스트레스이다(그래서 스포일러를 좋아한다).
- TV도 실시간 시청 외에 티바나 구독 서비스가 있어 소비자에게 시간 조절 주도권이 있는 데 반해, 영화관은 상영 시간에 맞춰야 하고, 중간에 멈추거나 건너뛸 수 없는 등 콘텐츠 쪽에 시간 주도권이 있는 게 불편하다.
- 극장 개봉 후 스트리밍 서비스 제공으로 넘어오기까지의 기간이 짧아

진 요즘, 굳이 영화관에서 가서 시청할 이유가 없다.

영화 감상은 젊은이들에게 타이퍼 측면에서도 가성비 측면에서도 결코 좋은 소비 대상이 아니기 때문에, '언제 볼 것인가'보다 '어떻게 볼 것인가 (소비할 것인가)'가 우선 관심사이다. '어떻게 하면 돈을 들이지 않고 시청할 수 있을까' 하는 시청 매체의 선택이나, 몰아보기 영화나 배속 시청처럼 '손해에 대한 리스크를 어떻게 줄일 수 있을까' 하는 수단에만 신경을 쓰게 되는 것이다.

어느 여고생의 시청 습관

일상생활을 되돌아보자. 좋아하는 드라마나 최근에 본 영화, 스포츠 결과, TV에서 소개된 화제의 음식까지, 우리의 커뮤니케이션은 거의 대부분 콘텐츠를 기반(매개)으로 이루어진다. TV가 주요 미디어였던 시절에는 인기 프로그램이 있어서 그것을 보지 않으면 다음 날 화제에서 뒤처진다고들 이야기하곤 했다.

현재는 TV에 국한되지 않고 다양한 오락(콘텐츠 소비 방식)이 있기 때문에, 교우 관계나 소속된 커뮤니티에 따라 커뮤니케이션의 연결 고리인 콘텐츠가 달라지며, 커뮤니케이션을 하기 위해 다양한 콘텐츠를 소비해 두는 것이 의무가 되고 있다.

아래는 일상적인 콘텐츠 시청 습관에 대해 필자가 한 여고생과 인터뷰한 내용이다.

- 가정에서는 TV 프로그램의 화제를 바탕으로 커뮤니케이션이 이루어지고 있으며, 실시간 방송이나 티바를 이용해 시청하고 있다.
- 친한 친구에게 아티스트를 추천 받으면 유튜브에서 뮤직비디오를 검색하거나, 음악 구독 서비스에서 재생 목록을 재생하여 음악을 접한다.
- 학급에서는 〈브레이킹 다운〉이 유행하고 있어, 본편을 보기 위해 아베마를 이용하거나 SNS에 게시된 클립 영상에서 정보를 수집하고 있다.
- 트위터에 취미 계정 3개를 가지고 있으며, 디즈니 관련 취미를 위해 디즈니플러스를, 유튜버 그룹 코무돗토를 보기 위해 유튜브를, 요미우리 자이언츠 경기를 보기 위해 DAZN을 이용하고 있다.
- 인터넷에서 유행하는 밈이나 화제의 시사 뉴스를 보든지, 틱톡에서 트렌드인 TV 클립 등을 시청함으로써 SNS의 트렌드를 소화한다.

이 여고생뿐만 아니라, 독자 여러분을 포함한 현대 소비자 거의 모두가, 실제 사회든 온라인이든 관계없이 콘텐츠 시청을 전제로 한 커뮤니케이션 경험이 있다. 요컨대 '○○을 봤다(소비했다)'는 상태여야만 커뮤니케이션이 이루어진다. 더 나아가면 다음과 같다.

- 구독한 유튜브 채널의 최신 영상
- 광고를 통해 더 알고 싶어진 TV 프로그램
- 구독 서비스로 보고 있는 드라마의 최신화 공개

- 구독 서비스로 시작된 화제의 영화
- 하루에 한 화씩 무료로 읽을 수 있는 만화 사이트에서 매일 빠짐없이 만화 읽기
- 구독 서비스로 관심 있는 음악 플레이리스트를 들으며 출근·등교
- 확인하지 않은 기간 동안 쌓인 트위터나 인스타그램 타임라인을 거슬러 올라가기
- 라인의 답장
- 모바일 게임 로그인

그림 3-2 Z세대의 영상 콘텐츠 시청 태도

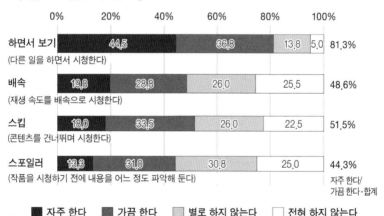

Q. 구독 서비스에서 영상 콘텐츠를 시청하는 방법 중 해당하는 것을 고르시오
[택일, n=400(남성 200/ 여성200)]

자료: SHIBUYA109 lab., "2022년 Z세대의 영상 콘텐츠 즐기기에 관한 의식 조사"
https://shibuya109lab.jp/article/220818.html

이 외에도, 커뮤니케이션을 목적으로 한 콘텐츠 소비와는 별도로, 자신에게 부여된 의무 때문에 소비해야 하는 콘텐츠도 넘쳐 나고 있다. 원래는 오락이어야 할 것이 소화해야 하는 것들로 변해 버린 현실을 반영하는 걸까? 이러한 상황에서 효율적으로 콘텐츠를 소비하기 위해 타이퍼를 추구하는 것은, 합리적이라고 하면 합리적일지도 모른다.

지금 당장 '중요한 사람'이 되고 싶다

타이퍼를 추구하는 콘텐츠 소비를 통해 '누군가—즉, 중요한 사람'이 되고 싶어 하는 젊은이들도 있다. HIBUYA109 lab.의 "Z세대의 덕질에 관한 의식 조사"에 따르면, Z세대의 82.1%가 '좋아하는 대상(최애)이 있다/덕질을 하고 있다'라고 답했다.

오시카츠는 덕질(오타카츠)의 일환으로, 자신이 좋아하는 아이돌이나 배우, 캐릭터 등을 사랑하고 응원하는 활동을 의미한다. Z세대의 80%가 어떤 형태로든 자신을 오타쿠라고 인식하고 있다.

오타쿠라는 단어에 저항감을 느끼는 독자도 있을지 모르지만, 이 단어가 '마니아'나 '컬렉터'라는 의미를 포함하고 있어, Z세대에게는 이전 세대가 가졌던 부정적인 이미지가 없다. 오히려 어떤 대상이나 취미에 열중하는 사람이라는 긍정적인 인상을 가지고 있으며, 자신이 오타쿠임을 적극적으로 드러내는 것 같다.

SHIBUYA109 lab.[1]에 따르면, 젊은이들이 말하는 '오타쿠'라는 단어는

그림 3-3 당신에게는 좋아하는 대상(최애)이 있나요? 혹은 덕질을 하고 있나요?

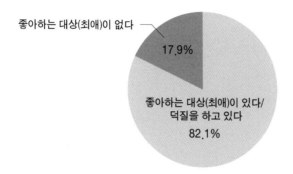

자료: SHIBUYA109 lab., "2022년 Z세대의 덕질에 관한 의식 조사"
https://shibuya109lab.jp/article/220712.html

'팬', '돈이나 시간을 많이 소비하는 것'이라는 두 가지 의미로 사용된다. 전자의 '팬'은 사람을 가리키며, 콘텐츠 취향자 집단을 가리키는 오타쿠 본래의 의미와 동일한 용법으로 사용된다. 한편 후자의 '돈이나 시간을 많이 소비하는 것'은 관심 대상 자체를 가리키며, '취미'와 같은 의미로 사용된다.

여기에서 발전하여, 오타쿠라는 단어가 정체성과 동의어로 사용되며, 취미에 시간이나 돈을 소비하는 '덕질(오타카츠)'을 통해 자신의 정체성을 충족시키거나 외부에 의미를 전달하고 있다.

한편 덴쓰 갸루랩의 "제2회 #여자태그 조사 2017"에 따르면, 조사 대상인 15~24세 여성의 81.8%가 특정 장르의 오타쿠이며, 1인당 평균 5.1개의

---

1   "오타쿠 활동 조사 제2탄: 젊은이들의 오타쿠 활동의 실제 상황을 철저히 조사!",
     SHIBUYA109 lab., 2019년 8월 20일
     https://shibuya109lab.jp/article/190820.html

장르에서 오타쿠적 자질을 가지고 있다.[2]

젊은이들은 다양한 대상에 흥미를 가지고 있으며, 흥미를 갖고 있다는 동기 자체를 오타쿠적이라고 생각한다. 따라서 하나의 콘텐츠에 대한 애정이 일관되지 않으며, 그때그때 장소와 시기에 따라 자신의 정체성(무엇을 좋아하는가)도 변하는 것이다.

이러한 배경에서, 흥미를 느끼는 대상을 소비할 때 자신에게 특별한 것에 소비한다는 의지를 '덕질(오타카츠)'이라는 단어를 통해 발신하고 있는 듯하다.

젊은이들에게 오타쿠임을 표현하는 것은 자신이 누구인지, 즉 정체성을 표현하는 것과 같다. 일상생활에서 우선순위가 높아지고, 인간관계를 형성하는 데도 '내가 어떤 오타쿠인가', '나는 어떤 오타쿠로 보일 때 원활한 커뮤니케이션을 할 수 있을까', '다른 사람들이 나를 어떤 오타쿠로 생각하고 있는가', '나는 어떤 오타쿠, 즉 어떤 정체성을 가진 사람과 교우 관계를 맺고 싶은가'가 중요해진다.

내가 있을 장소는 SNS에 있으면 그만이다

과거에는 대중적으로 소비되는 콘텐츠가 있었다. 그러나 인터넷과 SNS

---

2   아사미 아야카(阿佐見綾香), "덴츠 갸루랩의 '#여자태그' 마케팅이란?" 덴츠보, 2018년 11월 6일
     https://dentsu-ho.com/articles/6336

가 보급됨으로써 사람들이 모두 같은 관심을 가지는 사회에서 각자의 감성에 따라 소비 행동을 결정하는 사회로 변화했고, 사람들의 취향은 더욱 '개인'의 추구로 이동하게 되었다.

간단히 말해, 모두가 좋아하는 것을 소비하는 시대에서 자신이 좋아하는 것을 소비하는 시대로 바뀐 것이다. 물론 예전부터 '좋아하기 때문에' 소비하는 것은 당연했지만, 좋아하는 것의 선택지가 '대중에게 소비되는 것'이라는 틀 안에 있었다.

그래서 주류에서 소비되지 않는 것을 선호하면 그것이 하위문화 선호자로 간주되거나, 기묘한 취미를 가진 사람으로 보이는 경향이 있었다.

그러나 앞서 언급한 바와 같이, 예를 들어 TV 방송 콘텐츠라는 틀 안에서 소비자가 취미의 폭을 넓혀 좋아하는 것을 탐구하던 시대나, 특정 세그먼트를 타깃으로 한 잡지에서 트렌드를 수집하던 시대는 과거가 되었다. 소비자는 인터넷을 통해 진정으로 좋아하는 것을 소비하게 되었고, 취미와 기호는 진정한 의미에서 각기 다름을 추구하는 시대가 되었다.

더불어, 커뮤니티의 변화도 큰 요인이다.

SNS의 보급으로 가상의 플랫폼 공간에서 연결되는 것이 대중화되었고, 현실에서 자신을 긍정해 주는 사람이 없더라도, SNS에서 자신을 이해해 주는 사람이 있다면 그걸로 충분하다고 생각하는 사람도 늘어나고 있다.

앞서 설명한 바와 같이, TV와 같은 대중매체가 정보와 교류의 핵심 커뮤니케이션 도구였던 시절에는, 대중적으로 널리 소비되는 무언가가 존재했기 때문에 소속 집단 구성원 사이에서 공통 관심사를 소비함으로써 소속감을 높였다. 그러나 SNS를 통해 (취미로 인한) 연결이 생기면서 현실 세계의 지인들에게 자신을 이해 받지 않아도 된다고 생각하게 되었다.

대중적이지 않은 취향이나 사람들에게 말하기 어려운 취미가 있어도, 현실 세계의 인간관계에서 이해를 구하거나 현실 속의 사람들에게 신경 쓰지 않고, 인터넷상에서 비대중적인 소비 대상을 선호하는 다른 소비자를 찾아 그 커뮤니티에 몸담을 수 있다.

그러한 가치관 속에서, 좋아하는 것을 소비하는 행위 자체가 덕질(오시카츠, 오타가츠)처럼 자신의 정신적 충족으로 이어진다면, 생활에서 우선순위는 '취미'에 놓이고, '취미 시간'과 '취미를 위해 어쩔 수 없이 일해야 하는 시간'으로 나뉘게 된다. 직장(회사)에서는 취미를 수행하기 위한 과정이라는 가치관 외에는 다른 가치를 찾을 수 없기 때문에, 회사에 대해 동기나 보람, 목적을 갖는 것이 점점 더 어려워진다.

오랜 시간 구속되지 않고 돈을 받을 수 있으면 그걸로 충분하다. 그런데 월급도 발생하지 않는데 퇴근하고 회사 사람들과 술자리에서 얼굴을 마주해야 한다. 상사들 입장에서는 집에 가도 할 일이 없고, 회식 자리가 자신의 이야기를 들려줄 수 있는 최고의 장소일지 모르지만, 젊은이들 입장에서 회식은 고통 외에는 아무것도 아니다.

이처럼 현실 사회에서 공동체 의식(자신이 소속된 커뮤니티)에 대한 우선순위가 낮아지면, 그곳에서 인간관계의 친밀도를 깊게 하기가 어려워지고, 인간관계가 담백해진다. 반면 SNS에서 취미를 매개로 한 커뮤니티나 공동체에 대해서는 스스로도 우선순위가 높다고 생각하며, 연결의 강도도 강하고, 자신의 취향에 맞는 커뮤니티에 소속되거나, 개별적으로 이어지고 싶은 친구를 선택할 수도 있다.(SNS의 취미 계정을 만드는 것도, 해시태그로 같은 취미를 가진 소비자를 찾는 것도, 다른 소비자에게 답글이나 DM을 보내는 것도 모두 자발적으로 행하는 일이다.)

따라서 취미 커뮤니티에 우선순위가 높은 사람에게는 SNS상의 인간관계가 '좋아하는 것을 소비해도 된다', '좋아하는 것을 인정해 주는 사람이 여기에 있다'라고 하는 자기 긍정감을 높여 준다. 이러한 측면에서 보더라도, SNS는 오타쿠라는 정체성을 형성하고 유지하는 데 중요한 장소라고 할 수 있을 것이다.

이와 함께, SNS는 다양성이 가시화되고 사람들의 권리와 주장이 드러나는 장소, 그리고 그것이 인정 받는 장소로 성립하고 있다. 대중 속에 묻히지 않고 개인의 가치관이 중요해지면서, 이전보다 자신의 가치관이 무엇인지, 타인을 볼 때 자신이 누구인지 의식하는 경우가 늘어난 것으로 보인다.

오히려 다른 사람의 동향이 SNS에 의해 시각화되면서, 자신의 정체성을 더 의식하게 되었다고도 할 수 있을지 모른다.('꿈이 이루어졌다'고 하는 게시물이나, 취미를 전력으로 즐기는 다른 사람의 게시물을 보았을 때, 자신의 현재 상황과 비교하여 설명하기 어려운 감정을 느꼈던 적이 있지 않은가?) 그런 배경에서, 자신의 취미 = 정체성을 표출하고, 자신이 누구인지 다른 사람에게 보여 주고 싶고, 그 정체성을 매개로 인간관계를 형성하고 싶다는 심리가 생긴다.

여기까지를 간단히 정리하자면, 정체성 표출이 젊은이들이 오타쿠를 자칭하는 이유가 되고 있다는 것이다.

다른 사람에게 '오타쿠'라고 여겨졌으면 좋겠다?

그렇다면 실제로 젊은이들은 누구에게 오타쿠로 보이고 싶어 할까?

현실 사회에서는 '○○은 영화에 대해 잘 알아', '음악에 대해서는 ○○에게 물어봐'라는 평가에서 알 수 있듯이 교우 관계에서 오타쿠로 보이고 싶다는 인정 욕구가 있을 것이다.

인터넷 커뮤니티에서는, 예를 들어 영화가 취미라서 SNS에서 다른 영화 팬들과 연결되어 함께 즐기고 싶다는 욕구가 생겼을 경우, 다른 오타쿠와 교류하기 위해서는 우선 자신이 오타쿠로 보일 필요가 있다. 커뮤니티에서 커뮤니케이션하기 위해 '오타쿠 = 자신이 누구인지 보여줄 필요가 있는 것'이다.

또한 자신이 현실에서는 오타쿠로 보이더라도, 이를 보장(증명)할 만한 것이 없기 때문에, 다른 오타쿠들에게 인정을 받음으로써 자신감을 얻고 싶어 하는 사람도 있을 것이다.

이러한 배경에서, 가장 빠르게 '무언가 특별한 사람 = 즉, 오타쿠'가 되고 싶어 하는 사람도 있는 것 같다. 그러나 커뮤니케이션에 중점을 둔 개성은 그것이 무엇이든 상관없는 것이 아니라, 그 개성에 대해 관심 있는 사람이 많고, 즉 수요가 있는 것이, 화제로서도 커뮤니케이션 도구로서도 가치가 더 커진다. (취미에 우열이 있다는 의미가 아니라, 어디까지나 도구로서 봤을 때 그렇다는 것이다.)

커뮤니케이션 도구로서의 개성 중 수요가 높은 분야는 영화일 것이다. 트위터에서는 "영화 오타쿠 시작했습니다", "영화 오타쿠가 되려면 어떻게 해야 하나요"와 같은 트윗이 자주 보이는데, 오타쿠라는 지위를 얻으려는 (오타쿠가 되고 싶은) 젊은이들에게는 어떻게 하면 최단기간에 수고를 덜 들이고 오타쿠가 될 수 있을지가 타이퍼를 추구하는 동기 그 자체인 것이다.

그래서 몰아보기 영화를 시청하거나, 영상 스킵 기능을 사용하거나, 스포일러 사이트를 보거나, 트위터에 넘쳐 나는 고수들의 논평이나 잡학을 마치 자신의 것인 양 인용하여 아는 체하기도 한다. 젊은이들이 영화 감상의 묘미라고 할 수 있는 '첫 감동'을 포기하는 것은, 그들에게 있어 시간을 들여 그런 묘미를 맛보는 일이 비합리적이며, 가능한 한 생략할 수 있는 것은 생략하는 것이 합리적이기 때문이다.

하지만 기존의 오타쿠 논의를 적용한다면, 오타쿠는 일종의 레테르이다. 필자는 오타쿠 전문가로서 10년 이상 오타쿠를 연구하고 있다. 오타쿠는 다양한 영역에서 연구되고 있고, 이 단어가 사용되는 기회에 따라 의미가 달라지기 때문에, 정의 내리기가 매우 어렵다. 그런 가운데, 필자는 오타쿠의 소비성과 성립 방식에 주목하여, 다음과 같이 오타쿠를 정의한다.

① 자신의 감정에서 '긍정'적인 면과 '부정'적인 면에도 큰 영향을 줄 정도의 의존성을 발견한 흥미 대상에 시간이나 돈을 지나치게 소비하며 정신적 충족을 목표로 하는 사람
② 오타쿠라는 레테르가 붙은 사람

이 중 ①은 그들의 소비성과 콘텐츠에 대한 의존성을 고려한 측면이다. 오타쿠로 불리는 소비자는 열심히 소비하는 점, 특정한 것에 열중하는 점이

다른 소비자와 다르므로, 그 특징적인 소비 행동이 오타쿠적이라고 인식된다. 다시 말해, 오타쿠적이라고 인식되는 특징적인 소비 행동을 하는 사람을 '오타쿠'라고 부른다. 그 소비가 특징적인지 아닌지 판단하는 것은 타인이며, 타인의 인식에 의해 오타쿠는 존재하게 된다.

'오타쿠'는 오타쿠(お宅, '댁'이라는 뜻의 일본어-옮긴이 주)라는 2인칭에서 유래했으며, 처음 사용한 사람은 SF 애니메이션 〈초시공요새 마크로스(超時空要塞マクロス)〉의 스태프라고 한다. 제작자들끼리 서로를 오타쿠(댁)라고 부르거나, 〈마크로스〉의 등장인물도 서로 오타쿠(댁)라고 불렸는데, 팬들 사이에서 같은 콘텐츠를 선호하는 소비자를 부르고 말을 걸 때 사용하기 시작했다고 한다.

"댁(오타쿠)도 ○○을 좋아하시나요?", "댁(오타쿠)도 그 이벤트에 참가했나요?"와 같이 상대방의 성향은 모르지만, 아마 나와 같은 것을 좋아하는 듯하다고 생각할 때 사용하기 편리했던 것이다.

'오타쿠'라는 단어에는 호칭의 측면이 있다. 또한 젊은이들 사이에서는 '오타쿠'라는 표현이 자칭으로 정착하고 있지만, 오타쿠 커뮤니티에는 '양산형(니와카)'이나 '라이트 오타쿠' 등 비완성형 오타쿠에 대한 호칭이 존재하며, 자신이 어느 쪽에 속하는지는 타인의 평가로 성립된다.

"A씨는 (나보다 더) 오타쿠야", "B씨는 지식이 없어서 (오타쿠가 아니라) 양산형(니와카)이야"와 같은 논의는 어느 카테고리의 오타쿠 커뮤니티에서도 들을 수 있는 이야기이다.

지금까지 논의한 바와 같이, 오타쿠가 존재한다고 인식되는 배경에는 '소비자가 콘텐츠에 열중함 ➡ 그 열정이 다른 사람에게 인식됨 ➡ 다른 사람이 자신의 소비 행동을 오타쿠적이라고 인식하여 오타쿠라고 부르기(평가하기) 시작함'과 같은 흐름이 존재한다.

따라서 좋아하는 마음이 커져서(다른 사람에게 특이한 소비 행동으로 인식되어) 오타쿠가 되는(오타쿠라고 불리는) 것인데, 오타쿠를 자칭하는 층이나, 오타쿠라는 평가를 받고 싶어 하는(누군가가 되고 싶어 하는) 층은 오타쿠가 되고 싶어서 콘텐츠를 소비하는 것이다.

하지만 여기서 의문이 생긴다. '누군가가 되고 싶어 하는' 층이 콘텐츠를 소비하는 목적은 정말 '오타쿠가 되는 것'이라고 할 수 있는가.

지금까지 타이퍼를 추구한 콘텐츠 소비가 이루어지는 이유로 ① 실제 사회나 온라인을 막론하고 소비가 전제되어 커뮤니케이션이 이루어지기 때문이다, ② 오타쿠 = 즉, 누군가가 되고 싶기 때문이다라는 점을 논했다. 과연 이 두 가지가 타이퍼를 추구하는 목적이라고 할 수 있을까?

타이퍼는 어디까지는 수단이다

라멘을 먹을 때 가성비를 추구하는 목적은 '라멘을 저렴하게 먹는 것'이며, 그 목적을 달성하려면 '라멘을 먹는 행위'가 필요하다. 이를 경제학 용어로 바꾸어 말하면, 가성비에서는 소비가 소비자에게 직접적인 효용을 가져다준다고 말할 수 있다.

라멘을 먹었다는 결과나 그 과정(맛, 배부름 등)이 욕구 충족과 연결된다. 가성비 추구는 목적을 달성하기 위한 소비에서 무엇이 최적의 해답인지 검토하는 행위라고 할 수 있을 것이다.

하지만 타이퍼를 추구하는 경우, 소비가 직접적인 효용을 가져다주는 것은 아니다. 만약 오타쿠가 되고 싶다, 누군가가 되고 싶다는 것이 목적이라면 그냥 오타쿠라고 자칭하면 되고, 자신이 오타쿠라고 생각하고 살면 된다. 하지만 오타쿠가 되고 싶다, 누군가가 되고 싶다는, 얼핏 목적처럼 보이는 욕구의 이면에는 '○○을 다른 사람으로 하여금 인식하게 하고 싶다'라는 본질적인 바람이 있다.

이것은 커뮤니케이션 도구로서의 개성에 우열이 생기는 것과 같다. 취미가 있어도, 수요가 있는 개성이 아니라면 커뮤니케이션은 생기지 않는다. 오타쿠임을 알리지 않는 한, 그 개성을 매개로 커뮤니케이션은 이루어지지 않는다. 단순히 오타쿠가 되고 싶은 것이 아니라, 오타쿠임을 다른 사람에게 인식시키고 싶다는 목적이 있는 것이다. 오타쿠가 되고 싶다는 바람은 오타쿠로 인식되기 위한 수단에 불과하다.

- 오타쿠가 되고 싶다 ➔ 수단
- 오타쿠로 인식되고 싶다 ➔ 진정한 목적

여기까지 정리하면,
- 가성비 추구에서 소비되는 것 = 충족 욕구를 만족시키는 것
- 타이퍼 추구에서 소비되는 것 = 어떤 상태를 창출해 내기 위해 필요한 수단

이상과 같이 정리할 수 있을 듯싶다. 이를 바탕으로, 다시 한 번 배속 시청이나 몰아보기 영화 시청이 이루어지는 진정한 목적을 정리해 보자.

① 실제 사회, 온라인을 막론하고, 콘텐츠 시청이 전제가 되어 커뮤니케이션이 이루어진다

→ 주위와 커뮤니케이션하기 위해 '봤다는 상태'를 만드는 것이 목적이다. 영화나 드라마를 소비하는 것은 '봤다는 상태'를 만들기 위한 수단에 불과하며, 영화나 드라마의 사용가치(엔터테인먼트, 감동)를 얻는 것은 목적이 아니다.

② 오타쿠 = 누군가가 되고 싶다

→ 주위로부터 '오타쿠라는 인식을 받고 있는 상태'를 만드는 것이 목적이다. 오타쿠가 되는 것 자체는 목적이 아니며, '오타쿠라는 정체성이 다른 사람에게 인식되고 있는 상태'를 만들고 싶은 것이다.

가성비는 소비 체험 자체가 목적이지만, 타이퍼는 소비 체험이 수단에 불과하며, 소비자는 그 수단을 통해 목적을 달성하고자 한다. 따라서 목적을 달성하기 위해 다양한 수단(소비 대상)이 있다.

재차 강조하지만, 라멘을 가성비 좋게 먹고 싶다는 목적은 라멘을 먹는 것 이외로는 달성할 수 없다. 하지만 예를 들어 영상 시청에서 타이퍼를 추구하는 것은 '본 상태 = 그 콘텐츠를 매개로 커뮤니케이션이 가능한 상태'가 되면 이루어지기 때문에, 반드시 그 영상을 볼 필요는 없으며, 그 목적을 달성할 수 있는 수단의 효율이나 비용 대비 효과를 비교하는 것이 타임 퍼포

먼스의 본질이라고 할 수 있을 것이다.

최단시간에 '영화 오타쿠'가 되는 방법

1장에서 언급했듯이, 좋은 가성비는 그 사람의 상황이나 소비가 이루어지는 장소 등의 영향을 받아 주관적으로 인식되지만, 타이퍼가 좋은지 나쁜지는 객관적으로 볼 수 있는 측면도 있다.

예를 들어, 영화 오타쿠가 되기 위해 타이퍼를 추구한다고 하자. 가장 시간이 많이 드는 방법은 언제까지라는 목표를 세우지 않고, 차분히 다양한 영화를 감상하며 오랜 세월을 거쳐 지식과 시청 편수를 늘리고, 영화에 대해 잘 안다는 평가를 얻는 것이다.

이는 앞서 언급한 오타쿠의 레테르 측면이며, 자신이 좋아서 콘텐츠에 몰두하면 좋아하는 만큼 더 잘하게 되고, 모르는 사이 영화에 대해 자세히 알게 되어 그것이 다른 사람에게서 '영화 오타쿠'라는 평가나 레테르로 이어진다. 말할 필요도 없이, 콘텐츠의 범위가 넓고, 역사가 깊은 장르일수록 극복하기 어렵고, 시간이 걸리고, 소비자가 많을수록 자세히 아는 오타쿠도 많기 때문에 속이기 어렵다. 충분한 지식을 얻기 위해서는 많은 시간이 필요하고, 돈도 들기 때문에, '오타쿠로 인식되고 싶다'는 목적을 달성하기 위한 수단으로서는 타이퍼가 매우 나쁘다.

그렇게까지 시간을 들일 수는 없지만, 왕도라고 하는 정석의 작품들을 빼먹지 않고 시청하며 영화라는 주제에 대한 인지도를 늘리는 방법도 있다. 또한 무엇을 보면 오타쿠가 될 수 있는지 배워서, 할당량 목표를 달성함으로써 '오타쿠가 될 수 있었다'라는 자각을 만들어 낼 수도 있을 것이다. 왕도로서 꼭 봐야 한다고 선정된 작품과, 그 외 추천된 영화를 배속 시청하여 시청 체험의 효율화를 도모할 수도 있다. 더 효율적으로 가속하려면, 영화의 스포일러나 하이라이트를 시청하고, 그 외의 부분은 줄거리로 보충하여 한 편당 시청 시간을 단축할 수도 있을 것이며, 몰아보기 영화 등을 시청함으로써 본편을 보지 않고도 본 것처럼 해서 영화 편수를 채울 수도 있다.

심지어 보지 않아도, 스포일러만 읽으면 그 작품은 '커뮤니케이션할 때 쓸 수 있는 도구'가 된다. 영화 감상이 목적이 아니기 때문에, 더 빠르게 더 돈을 들이지 않고 오타쿠가 되는 방법을 선택하면, 오타쿠로 인식되는 목적을 달성하는 데 타이퍼가 좋은 소비가 된다.

애초에 영화를 싫어한다면 영화 오타쿠가 되고자 하는 동기는 생기지 않을 것이고, 모든 영화에서 타이퍼를 추구하지는 않을 것이며, 시간이 있다면 천천히 볼 것이다. 다만, 영화를 주제로 한 교류가 즐겁거나, '영화에 대해 잘 아네'라고 여겨짐으로써 충족되는 작은 인정 욕구가, 극단적으로 타이퍼를 추구하는 시청 경험의 계기를 만들어 낼 것이다.

즐거움이 의무로 변하면, 얼마나 수고를 줄일 수 있는지, 얼마나 낭비를 없앨 수 있는지에 관심이 강해지기 때문에, 영화 본래의 사용가치인 '감상'이나 '감동'과 같은 점이 어떤 의미에서는 덤으로 느껴지는 듯하다.

어느 쪽이든, 수단에서 수고를 덜수록 타이퍼는 좋아진다. 그리고 그 행위의 좋고 나쁨, 몰아보기 영화를 불법인 줄 알면서도 시청하는 죄책감과 같은 부정적인 부분(부정적인 비용이 발생할 가능성)을 고려하지 않는다면, 그

그림 3-4 영화 오타쿠가 되기 위한 타이퍼 추구

타이퍼가 나쁜 방법

① 다양한 영화를 천천히 시청하며 오랜 시간을 들여
  '영화에 대해 잘 안다'라는 평가를 얻는다
② 왕도라고 하는 정석적인 작품을 중심으로 시청하여
  영화라는 카테고리에서 인지도를 늘린다
③ 무엇을 보면 오타쿠가 될 수 있는지 배우고,
  그 목표를 달성함으로써 '오타쿠가 되었다'라는 자칭 인식을 만든다
④ 왕도 작품이나 추천 받은 영화를 배속 시청하여 효율성을 높인다
⑤ 영화의 스포일러나 하이라이트를 시청하고,
  나머지 부분은 줄거리로 보충하여 한 편당 시청 시간을 단축한다
⑥ 몰아보기 영화 등을 시청하여 본편을 보지 않고도
  시청한 것처럼 하여 시청 편수를 늘린다

타이퍼가 좋은 방법

림 3-4에서는 ①에서 ⑥으로 갈수록 타이퍼가 좋아진다고 누구나 인식할 수 있다. 즉, 타이퍼는 객관적으로 바라볼 수 있는 경우도 있다.

한편 몰아보기 영화나 배속 시청의 화제가 나오면, '그런 짓을 하면 영화의 감동이 줄어들어 아깝다', '영화의 장점이 다 사라진다'와 같은 논의가 있을 수 있겠지만, 천천히 감상하고 싶은 사람도 있고, '보았다'라는 사실을 만들고 싶은 사람도 있는 만큼, 목적이 다르다면 같은 영화를 보는 경험에서도 타이퍼라는 개념을 꺼내는 소비자와 꺼내지 않는 소비자가 존재하는 것 또한 당연하다.(그것이 좋든 나쁘든 별개의 문제로 하고서 말이다.)

숙제를 하는 목적은?

지금까지 동영상 시청으로 살펴본 타이퍼에 대해 논의했는데, 타이퍼를 '숙제'로 생각하면 이해하기 쉬울 것이다.

우리는 학생 시절부터 수많은 숙제를 해 왔다. 특히 방학 숙제는 방학이 시작하자마자 끝내 버리는 사람이 있는가 하면, 방학 마지막 날에 가족 모두가 나서서 겨우 끝내는 사람도 있지 않을까.

의심 없이 계속해서 주어져 온 숙제였다. 숙제를 하는 목적은 무엇일까?

고려할 수 있는 점은 두 가지이다. 첫 번째는 숙제를 통해 학력을 높이거나, 공부 습관을 들이는 것이다. 이것은 선생님이 숙제를 내주는 이유이며, 학생들에게 기대하는 것—문제를 스스로 풀어 보는 것(생각하는 것)이다.

두 번째는 숙제를 안 해서 혼나지 않는(내신에 영향을 미치지 않는) 상태로 만드는 것이다. 공부에 흥미가 없는 사람에게는 학력을 쌓거나 공부 습관을 들이는 것이 필수가 아니기 때문에 목적이 되지 않는다. 단지 숙제를 제출하지 않아서 선생님에게 잔소리를 듣거나 혼나는 것이 귀찮은 경우, 숙제를 일단 끝내는 것이 필요하다. 숙제를 끝내 두는 것은 리스크 관리이다.

이때, 숙제를 끝내는 것이 목적처럼 보일 수 있지만, 제출이 필수가 아니거나, 숙제를 끝내지 않아도 선생님이 화내지 않는다면, 숙제를 해 둘 필요는 없다. 진짜 목적은 '(숙제를 하지 않아서) 혼나는 것을 피하는 것'이며, 선생님과의 불쾌한 커뮤니케이션을 피하는 것이다.

앞서 콘텐츠를 매개로 커뮤니케이션이 이루어지기 때문에 커뮤니케이션 도구로서 콘텐츠를 소비해야 한다고 언급했는데, 결국 이와 같은 상황인 것이다. 숙제가 끝나 있으면 불필요하게 혼나지 않기 때문에, 불쾌한 커뮤니케이션을 피하기 위해서는 숙제를 끝낼 필요가 있다.

① 숙제를 함으로써 학력을 높이고, 공부 습관을 들인다
  → 문제를 푸는 것 자체가 목적이 된다.
② 숙제를 안 해서 혼나지 않는(내신에 영향을 미치지 않는) 상태로 만드는 것이 목적이다(리스크 관리)
  → 숙제를 끝낸 상태로 만들어 두기 위한 수단은 여러 가지가 있다

여기까지 정리했을 때, ①이 목적이라면, 아무리 시간을 들여서 숙제를 해도 별 문제가 없다. 오히려 시간이 길어질수록 시행착오를 반복하거나 고찰을 깊게 할 수 있어, 숙제를 통해 학력을 높이거나 공부 습관을 들인다는 목적 달성에 가까워진다.

그러나 ②는 혼나지 않는 것이 목적이며, 그래서 숙제가 끝난 상태를 만들어 둘 필요가 있을 뿐이다. 따라서 숙제를 끝낸 상태로 만들어 두기 위한 수단은 여러 가지가 있다.

②에서 타이퍼를 추구한다면, 성실하게 문제를 푸는 것은 타이퍼가 나쁘다. 답을 베끼면 스스로 생각하는 수고와 시간을 줄일 수 있어, 타이퍼는 좋아진다. 더 나아가 다른 사람에게 하게 하면, 스스로 베끼는 수고도 줄일 수 있어, 본인에게 드는 비용은 전무하다.

하지만 협박이라도 당하지 않는 이상, 좋아서 숙제를 대신 베껴 주는 별난 사람은 없을 것이다. 그래서 '주스 한 잔 살게'라거나 '500엔 줄 테니까

좀 부탁해'라며 대신 베껴주는 것에 대한 대가를 지불하려는 사람도 있다. 타이퍼를 추구하기 위해, 원래 숙제를 하는 데 들지 않아도 될 금전적 비용을 발생시켜 시간의 효율성을 추구하는 것이다.

500엔에 해 달라고 했지만, 600엔이면 해 주겠다는 예산 이상의 청구를 받는 경우도 있다. 이때 금액과 실제로 자신이 답을 베끼는 수고를 비교했을 때, 600엔이면 다른 사람에게 부탁하지 않고 스스로 하겠다는 결정을 내릴 수도 있다.

그러면 효율성과 실제로 발생하는 금전적 비용이 저울질되고 있는 셈이며, 타이퍼와 동시에 가성비도 고려된다고 할 수 있다. 아무리 수고를 덜 수 있어도 가격이 비싸기 때문에 슈퍼마켓에서 손질된 식재료를 사지 않고, 손질되기 전 그대로의 식재료를 사는 소비 행동과 비슷할지 모른다.

일상생활에서 타이퍼를 중시하지 않고 자발적으로 소비하는 경우, 그 소비 결과가 목적이 되며, 소비 과정에 의미가 있다. 반면 타이퍼를 중시하는

그림 3-5 숙제에서 타이퍼 추구

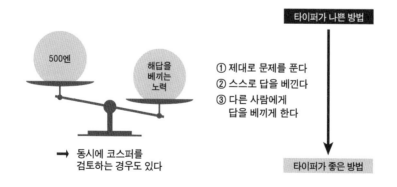

경우, 소비 과정은 어떤 상태가 되기 위한 수단이기 때문에, 거기서 의미를 찾기는 어렵다. 어떻게 하면 수고를 덜 수 있을지, 또 수고를 덜었을 때 발생하는 비용을 고려하면서 타이퍼를 검토하는 것이다.

다이어트의 타이퍼와 코스퍼

지금까지 영화나 숙제를 예로 들어 타이퍼가 추구하는 '목적'에 대해 설명했다.

그러나 우리는 일상생활에서 욕구를 충족시키기 위해 비용을 무시하고 소비할 때도 있고, 지갑 사정이 너무 빠듯해서 품질보다 가격이 싼 물건으로 버티려고 할 때도 있다. 언제나 타이퍼나 비용 대비 효율을 추구하는 것은 아니며, 필요에 따라 효율화를 도모하거나 줄일 수 있는 것은 줄이려고 한다.

또한 쇼핑을 할 때 '좋아! 오늘은 비용 대비 효율을 추구하며 쇼핑하자!'라고 의식하며 구매 행동을 하는 것이 아니라, 상품을 선택할 때 무의식적으로 자신의 현재 상황 등을 고려해 최적의 선택 = 비용 대비 효율이 좋은 선택을 한다.

자신의 구매 경험이나 일상적으로 반복되는 소비 속에는 타이퍼나 비용 대비 효율이 의식되지 않는 경우도 있고, 타이퍼와 비용 대비 효율을 모두 고려하여 소비가 이루어지는 경우도 있다. 다이어트가 그 좋은 예이다. 다이어트의 목적은 물론 살 빼기이지만, 수단이 많기 때문에 시간을 중시하는 수단을 선택할 것인가, 가격을 중시하는 수단을 선택할 것인가는 사람마다 다르다.

- 헬스장에 다닌다.
- 에스테틱에 다닌다.
- 보충제를 먹는다.
- 식사 제한을 한다.
- 스스로 혼자서 운동한다.

자신의 경제력, 여가 활동에 쓸 수 있는 시간, 성격, 결과가 나오기까지의 일반적인 기간 등을 고려했을 때, 살을 뺀다는 목적을 빨리 달성하고 싶다면 돈을 들여 효율성을 높이는 타이퍼를 추구한다.

PT를 하는 헬스장에 다니고, 에스테틱을 가고, 보충제를 쓰고, 완전 영양식으로 식사를 제한하는 등…… 비용을 신경 쓰지 않는다면 동시에 여러 수단을 이용할 수 있고, 각각의 수단이 제대로 기능한다면, 시간을 들이지 않고 살을 뺄 가능성이 높아진다. 비용을 신경 쓰지 않기 때문에 비용 대비 효율이 중시되는 것처럼 보이지 않을 수 있지만, 결과가 나오고 그 비용 대비 효과에 본인이 만족한다면 코스퍼가 좋다고 인식할지도 모른다.(어디까지나 코스퍼는 주관적이기 때문이다.) 당사자에게는 그것이 타이퍼도 코스퍼도 좋은 수단이었던 것이다.

한편 아무리 저렴한 헬스장에 가입하더라도 다니지 않으면 성과가 나오지 않기 때문에, 결과적으로 코스퍼가 나쁜 소비 경험이 된다. 스스로 운동하기 위해 러닝화를 사서 그것으로 3년 만에 목표를 달성한다면 코스퍼는 좋을지 모르지만, 다른 수단과 비교하면 타이퍼가 그다지 좋다고는 할 수 없을 것이다. 몇 번이고 말했듯이, 소비자는 타이퍼와 코스퍼를 저울질하며 소비하는 경우가 많다.

코스퍼를 추구하는 목적은 여러 가지이다

코스퍼를 추구하는 목적은 하나이기 때문에, 비교되는 소비 대상은 같은 카테고리에 속한다. 다이어트의 목적이 살 빼기라면, 그 목적을 달성하기 위해 소비되는 것은 수단처럼 보일 수 있지만, 살을 빼기 위한 동기 부여로 그 수단을 소비하는 사람도 있다.

예를 들어, 살을 빼고 싶어서 헬스장에 다닌다고 할 때, 살을 뺀다는 큰 목적이 존재하는 것은 사실이다. 그러나 돈을 들이지 않아도 살을 뺄 수 있는데, 살을 빼기 위한 동기 부여나 수단, 핑계 차원에서, 또는 심리적 효용을 위해 헬스장에 다니는 사람도 있다.

'헬스장에 다니고 있으니까 살이 빠질 것이다', '헬스장에 다니고 있으니까 괜찮다'라는 막연한 자신감이나 안도감을 가지고 자존심을 지키거나 현실에서 도피하게 된다. 그래서 살을 뺀다는 구실로 헬스장에 가입하는 것 자체가 결과적으로 목적이 되는 사람도 있다.

이 점을 염두에 두고, 그림 3-6을 보자.

사우나나 수영장이 딸린 시설, 24시간 이용 가능한 시설, 개인 트레이너

그림 3-6 코스퍼를 추구하는 목적 달성

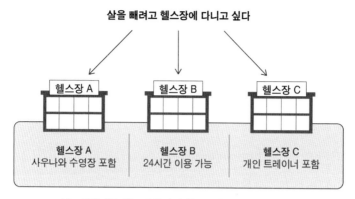

살을 빼려고 헬스장에 다니고 싶다

헬스장 A

헬스장 B

헬스장 C

헬스장 A
사우나와 수영장 포함

헬스장 B
24시간 이용 가능

헬스장 C
개인 트레이너 포함

어느 선택지든 헬스장에 다닌다는 목적은 달성할 수 있다

가 있는 시설 등 세상에는 다양한 헬스장이 있다. 어떤 선택지라도 '헬스장에 다니기'라는 목적은 달성할 수 있기 때문에, 헬스장에 가입할 의향이 있는 소비자는 자신의 주거지 위치나 예산 등을 바탕으로, 다닐 수 있을 만한 선택지 가운데 헬스장을 비교하고 결정하는 것이 일반적이다. '헬스장에 다니기'라는 목적을 달성하는 데 있어서, 무엇이 최적의 선택인지 검토하는 것이 코스퍼를 추구하는 과정일 것이다.

코스퍼를 추구한 소비 결과는 카테고리의 선택지 수만큼 무수히 존재한다. 여기서 말하는 선택지란 물론 서비스나 상품(기업 전략의 수)을 의미하며, 헬스장을 예로 들면, 일본에는 8천 개 이상의 점포가 있어 어떤 시설을 선택하더라도 '헬스장에 다닌다'라는 목적은 달성할 수 있다.

수많은 선택지 가운데 자신의 생활수준이나 환경을 고려해 최적의 선택을 한다. 코스퍼를 추구한 소비 결과보다 상위 호환의 서비스나 상품이 있을 수도 있고, 그 가격대에서 '이 부분은 품질이 떨어져도 감수하자'라는 식으로 최적의 선택을 타협할 수도 있을 것이다.

그렇기 때문에 목적은 달성하더라도 그 소비 결과에 반드시 만족감을 얻을 수 있는 것은 아니다. 코스퍼를 추구하여 소비하는 물건에 대한 평가는 직접적 효용(사용가치)을 반영하기 때문에, 선택한 소비 결과에 따라 만족도가 다를 수 있다.

예를 들어, 스시가 먹고 싶었는데 코스퍼를 생각하여 슈퍼마켓에서 스시를 샀지만, 맛에 만족하지 못해 다음 날 스시집에 가는 경우처럼, 목적은 달성했지만 만족하지 못하고, 결과적으로 더 높은 만족을 얻기 위해 소비를 다시 하는 일이 일상생활에서 흔히 일어난다.

값이 싸도 스시는 스시이기에, 코스퍼가 좋은 스시를 먹는 것만으로도 '스시를 먹는다'라는 목적은 달성할 수 있다. 하지만 만족하지 못하고 더 고품질의 스시를 소비한다면, '코스퍼가 좋다고 선택한 스시의 가격＋고품질 스시의 가격'이라는 추가 비용이 들어, 반드시 코스퍼를 추구한 것이 만족으로 이어지는 것은 아니다.

타이퍼를 추구하는 목적은 한 가지뿐

타이퍼를 추구할 때는 '그 상태가 된다'는 목적 달성을 전제로 검토한다. 소비자는 그 수단을 소비하면 (언젠가는) 목적을 달성할 수 있다고 가정하고, 그 목적을 달성할 가능성이 높은 것을 선택한다.

따라서 타이퍼를 추구할 때 비교 수단이 반드시 같은 카테고리여야 하는 것은 아니다. 또한 수단은 능동적인 행동이기 때문에, 그 수단을 선택할 때의 수고(자신의 기술, 성격, 경제력, 소요 시간)가 적게 드는 것이 타이퍼가 좋다고 할 수 있다.

다이어트가 목적이라면, 날씬한 상태가 되는 게 진정한 목적이며, 그것만 달성할 수 있다면(달성할 수 있는 전망이 있다면) 헬스장에 다니든, 보조제를 먹든, 에스테틱 관리를 받든, 어떤 수단이라도 상관없다.

한편 각 수단은 목적이 아니기 때문에 헬스장에 다녀서 운동하는 것, 보조제를 먹는 것, 에스테틱 시술을 받는 것은 목적이 아니다. 어디까지나 그 수단을 통해 '날씬한 상태가 되는 것'이 목적이다.

앞서 코스퍼를 추구하여 헬스장을 선택하는 경우, 헬스장에 가입하는 것이 목적이 될 수 있다고 논했다. 보통, '살 빼기'라는 목적을 위해 헬스장이

그림 3-7 타이퍼 추구에서의 목적 달성

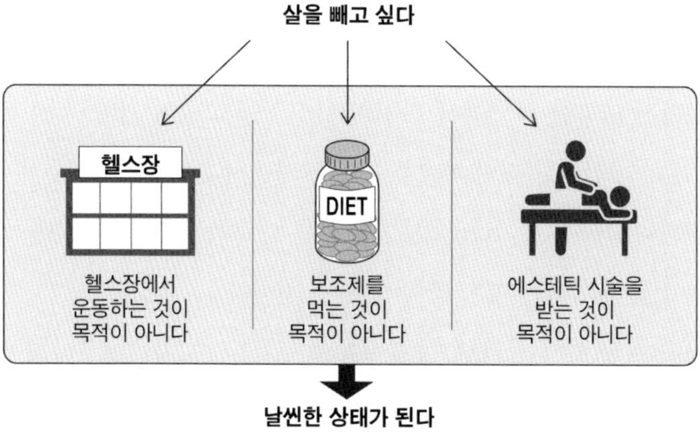

살을 빼고 싶다

헬스장	DIET	
헬스장에서 운동하는 것이 목적이 아니다	보조제를 먹는 것이 목적이 아니다	에스테틱 시술을 받는 것이 목적이 아니다

날씬한 상태가 된다

라는 수단을 취하고, 다양한 헬스장 중에서 코스퍼가 좋은 곳을 선택하며, 그 결과로 살 빼는 것이 기대된다는 흐름이기 때문에, 살 빼는 것이 목적이고, 헬스장은 수단이며, 헬스장 가입이 목적이 되는 일은 없다는 반론이 있을 수 있다.

그러나 그것은 어디까지나 소비자가 합리적으로 행동했을 경우에만 해당된다. 많은 소비자는 가입하고 나서 만족해 버리거나, 동기 부여를 유지하지 못하고 원하는 결과를 얻지 못한 채 지지부진하게 회원 자격만 유지하거나 결국 중도에 그만두는 경우가 오히려 많지 않을까. 이때, 소비자는 진정한 목적이었던 '살 빼기'가 아니라, 헬스장 가입으로 얻는 만족감 자체가 목적이 되어 버린다.

이처럼 타이퍼와 코스퍼의 좋고 나쁨은 소비가 이루어진 순간이 아니라, 그 소비 결과가 나타났을 때 평가되는 측면도 있다.

타이퍼의 세 가지 성질

지금까지 다양한 측면에서 타이퍼의 성질을 고찰해 왔다. 타이퍼를 소비문화론의 시점에서 깊이 파고들수록, 세간에서 흔히 말하는 '투자 시간에 대한 효과나 만족도가 어느 정도인가'라는 대략적인 정의만으로는 설명할 수 없는 점들이 있다는 것을 알 수 있었을 것이다.

동영상 시청 하나만 봐도, 효율성을 추구하는 이유가 '정보량의 많음'과 '커뮤니케이션 도구로 활용하기 위해'일 때, 각각의 경우에 따라 타이퍼를 추구하는 본질은 다를 것이다. 또한 이러한 논의와 병행하여 회의나 출퇴근 시간의 타이퍼 추구, 가사에서의 타이퍼 등 전혀 다른 성질로 타이퍼라는 단어가 사용되고 있다.

이 모든 것을 '타이퍼'라는 단어로 묶어 버리면, 정보를 수용하는 사람은 '결국 타이퍼가 무엇일까', '왜 타이퍼를 추구하는 걸까'라는 단순한 질문으로 돌아가게 된다.

그리고 인터넷에서 타이퍼를 검색해도 '투자한 시간에 대한 효과나 만족도가 어느 정도인가'라는 의미만 나와서, 결국 속 시원히 이해되지 않은 채 머물게 된다.

이 책을 쓴 계기는 타이퍼에 대해 조사하면 할수록 정의가 현상을 충분히 설명하지 못하는 경우가 많고, 타이퍼의 이해를 어렵게 만드는 본질을 파악하고 싶었기 때문이다.

그럼 여기까지의 고찰을 통해 타이퍼의 성질을 세 가지로 분류해 본다.

① 시간 효율
② 소비 결과에 따라 들인 시간을 평가(주로 소비 후)
③ 수고 없이 ○○한 상태가 됨(주로 소비할 대상을 검토할 때의 지표)

①은 일이나 집안일 등 노동이 요구될 때 수고를 덜어 시간의 효율성을 높이는 측면을 가리킨다.

②는 물건이나 서비스를 소비할 때 그 소비 대상에서 직접 얻은 효용이 들인 시간에 부합하는지를 평가하는 측면이다. 예를 들어, 영어 회화 학원

에 월 5만 엔을 지불하고 12개월 후에 영어를 할 수 있게 되었다면, 비용은 들었지만 결과적으로 타이퍼가 좋았다고 평가할 수 있다.

③은 그 소비 결과를 기반으로 다른 사람과 커뮤니케이션할 때, 얼마나 시간을 들이지 않고 만족할 만한 수준까지 자신의 경험치나 지식량을 늘릴 수 있는가라는 문맥에서도 사용된다. 젊은 세대가 배속 시청이나 몰아보기 영화 등을 시청하며 콘텐츠를 소화하는 측면에서 오타쿠로 인식되고 싶어 하거나, 그 콘텐츠를 본 상태이고 싶다는 것, 즉 콘텐츠를 소화함으로써 발생하는 커뮤니케이션이 목적이 된다. 어떤 상태가 되기 위해 얼마나 수고를 덜 수 있는가에 초점이 맞춰지기 때문에, 소비 후에 평가되기보다는 실제로 소비할 대상을 검토할 때의 지표가 된다. 타이퍼라는 단어 하나에 전혀 다른 성질들이 들어 있다. '시간 대비 효과'라는 공통점만으로 모든 '타이퍼'를 한 단어로 포괄해 버리는 것은 무리이다.

여기까지의 정리 ❷

● 코스퍼를 추구해 소비하는 물건은 직접적인 효용, 즉 목적 달성에 연결된다.

● 타이퍼를 추구해 소비하는 물건은 목적을 달성하기 위한(어떤 상태가 되기 위한) 수단에 불과하며, 그 수단에 드는 수고를 줄일 수 있는 물건이다.

● 타이퍼를 추구되게 된 배경에는 ① 콘텐츠 양의 증가, ② 플랫폼 서비스의 진화, ③ 콘텐츠의 단축 경향, ④ 불경기, ⑤ 자투리 시간의 활용이라는 다섯 가지 외부 요인과 ① 소비에 실패하고 싶지 않다, ② 할당된 콘

텐츠 소비, ③ 간단한 방법으로 중요한 사람이 되고 싶다라는 세 가지 내부 요인이 있다. 어떤 상태가 되기 위해, 어떻게 비용을 들이지 않고 그 상태를 달성할 수 있는지가 추구된다.

● 소비자는 타이퍼와 코스퍼를 저울질하며 소비를 결정하는 경우도 있다.

● 타이퍼에는 ① 시간 효율, ② 소비 결과에 따라 들인 시간이 평가됨(주로 소비 후), ③ 수고를 들이지 않고 ○○한 상태가 됨(주로 소비할 대상을 검토할 때의 지표)이라는 세 가지 성질이 있다.

'젊은 세대의 ○○ 이탈' 현상 중에서도, 영화는 대표격이라고 할 수 있다. 영화 감상은 젊은 세대에게 타이퍼적으로도 코스퍼적으로도 결코 좋은 소비 대상이 아니기 때문에, '언제 볼(소비할) 것인가'보다는 '어떻게 볼(소비할) 것인가'가 관심 대상이다. 어떻게 하면 돈을 들이지 않고 시청할 수 있을지, 어떻게 '손해'에 대한 리스크를 줄일 수 있을지라는 수단에만 집중하는 것이다.

2023년 7월에 공개된 미야자키 하야오(宮崎駿) 감독의 스튜디오 지브리 최신작 〈그대들은 어떻게 살 것인가〉는 손해에 대한 리스크를 회피하려는 경향에 역행하는 프로모션으로 화제가 되었다. 프로듀서 스즈키 도시오(鈴木敏夫)가 이 작품의 홍보를 일절 하지 않겠다는 방침을 밝힌 것이다.

2022년 12월에 개봉 예정일과 포스터 비주얼이 발표되었지만, 그 이후로 예고편 공개나 광고, 공식 사이트 개설과 같은 프로모션 활동은 전혀 이루어지지 않았다. 출연자나 주요 스태프에 대한 정보도 개봉일까지 대부분

비공개로 남아 있었다. SNS에서는 개봉 전날에야 영화 개봉 사실을 알게 되었다거나, 개봉 당일에 '금요 로드쇼'에서 〈코쿠리코 언덕에서〉(스튜디오 지브리의 2011년작 극장판 애니메이션—옮긴이 주)가 방영된 것을 계기로 (영화 개봉 사실을) 알게 되었다는 게시물들이 보였다.

아무런 정보도 공개되지 않은 상황에서, 프로모션을 하지 않는다는 프로모션이 관객 수에 어떤 영향을 미칠 것인지에 대해 미디어들은 앞다투어 보도했다. 뚜껑을 열어 보니, 공개 첫 4일간의 관객 동원 수는 135만 명, 흥행 수익은 21.4억 엔으로, 미야자키 작품 가운데 역대 최고 히트작인 〈센과 치히로의 행방불명〉(최종 흥행 수익 316.8억 엔)의 첫 4일간 기록을 넘어섰다.

왜 이 영화는 사전 프로모션 없이도 히트를 기록할 수 있었을까?

최근 영화 시장에서는 프로모션에 멀티미디어가 사용되고 있다. 개봉 반년 전부터 영화관에서 예고편이 상영되고, 잡지에서 특집이 다뤄지며, 연일 TV 광고가 방영되는 식의 흐름이 일반적이며, 소비자가 그 영화에 관한 사전 정보를 접할 기회가 다양하다.

애초에 최소한 어떤 영화인지, 누가 출연하는지, 도대체 장르가 무엇인지 알 수 없는 한, 관람하고자 하는 흥미조차 생기지 않는 것이 아닐까. 이른바 B급 영화처럼, 포스터를 보았을 때 배급사도 들어본 적이 없고, 출연하는 배우들도 낯설다는 이유로 관람하지 않는 경우가 꽤 많은 편이라고 생각한다. 그렇지만 실제로 영화관에서 본 예고편이나, 무심코 본 유튜브 광고를 통해 '출연 배우는 모르겠지만, 줄거리는 재미있어 보인다'라는 식으로 흥미가 생기는 경우도 적지 않을 것이다.

"You can't judge a book by its cover(겉모습만 보고 책을 판단하면 안 된다,

읽어 봐야 내용을 알 수 있다)"라는 영어 속담도 있지만, 영화를 감상할 때는 주요 비주얼과 제목보다도, 어떤 내용인지, 어떤 층에 피력할 수 있는지와 같은 '영화의 특징'이 흥미로 이어지는 경우가 많지 않을까. 그래서 더욱더 상세한 정보를 개봉 전에 제시하고, 개봉 중에는 최신 예고편이나 최신 정보를 프로모션의 일환으로 계속해서 제공하는 것이다.

그러나 이러한 흐름에 역행하듯, 〈그대들은 어떻게 살 것인가〉는 영화 제목과 파란색 왜가리가 그려진 포스터, 그리고 미야자키 하야오가 감독을 맡았다는 정보밖에 주어지지 않았다.

그 결과, '정보가 주어지지 않은 것을 감상한다'라는, 경험 소비로서의 가치가 새로이 도출되었다. 사전에 정보를 가지고 영화를 감상하는 형태가 일반적인 상황에서, 아무것도 모른 채 호기심에 영화를 보러 간 것이 이벤트성을 만들어 냈다. '아무것도 모른다'는 자신의 상태에 부가가치를 느끼며, 스스로가 〈그대들은 어떻게 살 것인가〉에 대해 전혀 사전 지식이 없는 상태라는 권리를 활용하는 것이 영화관에 발걸음을 하게 만드는 동기로 작용한 것이다.

그도 그럴 것이, 내용이 전혀 알려지지 않은 상황이라면, 관람 요인에서 영화 자체보다 외부 자극이 차지하는 비율은 커질 수밖에 없다. 아무것도 모른 채 영화를 보러 간다는 것은, 그 정보를 가지지 않은 사람만이 참여할 수 있는 이벤트에 자신도 참여할 권리가 있다는 뜻이며, 그 권리 자체가 관람의 이유가 되어도 전혀 이상하지 않다.

또한 아무것도 모른 채 영화를 보러 간다는 것, 곧 그 정보를 가지지 않은 사람만이 참여할 수 있었던 이벤트를 체험한 사람들은, 영화를 본 후에

'실제로 보았다'는 경험 소비의 권리를 이용해 SNS에서 영화에 대한 비밀스러운 대화(내용에 대한 암시나 본 사람끼리만 이해할 수 있는 대화)를 공공연히 시작한다. 관람 전과 후, 두 번에 걸쳐 〈그대들은 어떻게 살 것인가〉를 중심으로 일시적 붐이 일어나는 카니발화가 발생하는 것이다.

유일한 정보였던 파란 왜가리 일러스트와, 제목, 왜가리 울음소리를 이용한 모스 부호 등, '너는 어떻게 살 것인가'에 관한 인터넷 밈도 많이 생겨났다. SNS에서는 이러한 사람들의 확산력만으로도 충분한 프로모션이 되었다고 할 수 있다.

2023년 6월, "금요 로드쇼와 지브리 전시회" 개회식에서, 스즈키는 다음과 같이 말했다.[3]

"여러 가지를 궁리하다가 전혀 홍보를 하지 않는다면, 여러분은 어떻게 여길지 생각해 보았습니다. 이렇게 정보가 넘쳐 나는 시대에, 어쩌면 정보가 없는 편이 엔터테인먼트가 될 수도 있지 않을까 생각했습니다."

스즈키의 예상대로, 정보 없음이 ① 아무것도 모른 채 관람하는 경험 소비, ② 정보를 가지고 있다는 우월감을 매개로 이루어지는 관람자들 간의 카니발화, ③ 콘텍스트가 전혀 파악되지 않는 주요 비주얼이나 제목이 인터넷 밈으로 소비되는 세 가지 차원에서 엔터테인먼트로 승화된 것이다.

또한 개봉 후 시간이 지나면서 다양한 리뷰나 스포일러도 게시되기 시작했지만, 2023년 7월 말 시점에서 공식적으로 공개된 정보는 앞서 언급한 세

---

3 "일절 홍보를 하지 않는 이례를 실천한 〈그대들은 어떻게 살 것인가〉 미야자키 하야오의 현재 심정은? 스즈키 도시오가 밝히다", 영화 나탈리, 2023년 6월 28일
https://natalie.mu/eiga/news/530619

가지 정도에 불과했다.

작품의 실체가 전혀 알려지지 않은 상태이기 때문에, 타인의 의견이나 사상, 견해 등 2차 정보의 신뢰성을 보증할 요소가 너무 적어 실제로 영화를 관람하지 않는 한 타인이 제공하는 정보의 진가를 평가하기 어렵다.

그 결과, 자신이 영화에서 얻은 감정이 그 영화에 대한 직접적인 평가가 되어 개인이 온전히 해석의 주체가 되는, 최근에는 드문 콘텐츠 소비 경험으로 이어진다. 타이퍼와 코스퍼의 추구는 '손해를 보고 싶지 않다'는 가치관에서 비롯되지만, 요컨대 '소비한 돈이나 시간에 대해 높은 비용 대비 효과 = 만족스러운 경험'을 기대하거나 많은 소비자가 그런 경험을 얻는 것이 당연하다고 생각하는 것이다.

그렇기 때문에, 최근의 영화 감상 경험에서 일반화되어 있던 방식, 즉 사전 정보를 충분히 소비하고, 자신의 상상이나 기대와 가까울수록 감정이 덜 흔들리며 스트레스가 적고, 원하는 수준(내용 = 만족)을 얻을 수 있는지, 본편을 자신의 상상(이상)과 대조해 가며 마치 답을 맞히는 것처럼 시청하는 소비 방식으로는 얻을 수 없는 경험을 시청자들이 할 수 있었던 게 아닐까.

영화는 비일상적인 체험을 편하고 간단하게 할 수 있는 수단으로 옛날부터 소비되어 왔지만, 지금처럼 프로모션이 활발하지 않았던 시대에는 영화에 대한 개인의 예상이나 상상이 본편과 크게 달라서, 의외성과 몰입감이 비일상성을 극대화했을지도 모른다. 그러나 현재는 테마파크를 시작으로, 대형 쇼핑몰에 이르기까지 비일상이 넘쳐 나고, 영화 외에도 비일상을 접할 기회가 있다. 앞서 언급했듯이, 사전 정보가 넘쳐 나기 때문에 마치 답을 맞히듯이 영화를 보는 사람이 많아져서, 영화에서 비일상성이나 몰입감을 추구하는 경우는 젊은 층을 중심으로 줄어들었다.(그렇기 때문에 스토리만 알면 된다는 빠른 감상 방식에 대한 니즈가 높아졌다.)

이러한 가운데 이 영화는, 예전처럼 제한된 정보를 바탕으로, 각자가 영화에 대해 근거 없는 예상이나 상상을 부풀려 영화를 감상하고, 그 예상이 크게 배반 당하면서 생기는 비일상성과 의외성을 소비하는, 원점 회귀라고도 할 수 있는 영화 감상 체험을 제공했다.

콘텐츠든 화제의 라멘이든, 많은 서비스와 상품에서 사전 정보가 공개되고, 사람들의 감상이나 비평도 넘쳐 난다. 그렇기 때문에 실체나 내용도 모르는 상태에서 선입견 없이 그 상품이나 서비스를 즐기기란, 현대 소비사회에서는 쉽게 얻기 어려운 사치가 되어 버린 것인지도 모른다.(정보를 얻지 않고 소비하는 것은 실패에 대한 리스크를 신경 쓰지 않는 것이므로, 말 그대로 사치스러운 소비이기도 하다.)

그러나 앞으로 다른 작품이 본작을 모방하여 프로모션 없이 공개된다고 해도 화제가 되지는 않을 것이다. 이번에 널리 화제성이 소비자에게 전파된 것은, 제작 스튜디오가 유명한 '지브리'였고, 게다가 감독이 미야자키 하야오였기 때문이다.

일본에서 지브리의 콘텐츠는 디즈니와 마찬가지로 로열티가 세다. 신작 내용을 전혀 모르더라도, 과거 작품에 대한 높은 평가가 스튜디오 지브리에 대한 높은 로열티를 형성한다. 물론, 앞서 언급한 경험 소비와 유사한 영화 체험을 할 수 있다는 화제성이 트리거가 된 것은 확실하지만, 리스크를 감수하면서까지 실체를 모르는 영화를 보러 가는 소비 행동을 담보해 주었던 것은 스튜디오 지브리의 확고한 브랜드일 것이다.

4장

타이퍼화 되어 가는 시장

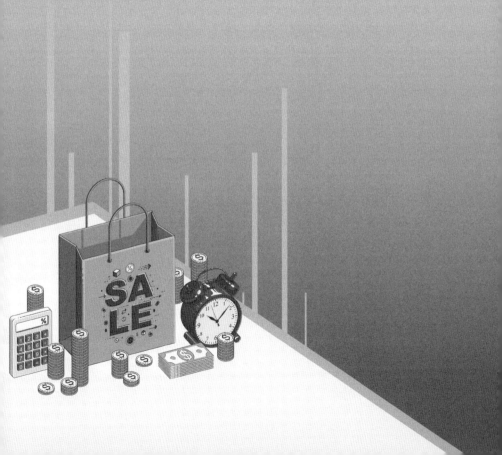

맥도날드화 되어 가는 사회

타이퍼와 코스퍼에는 각각 효율화의 개념이 존재하는데, 애초에 타이퍼라는 말의 정의가 애매하기 때문에 지금은 효율화의 추구 자체를 타이퍼라고 부르는 경우도 많다. 시장에는 타이퍼 향상을 내세운 상품과 서비스가 넘쳐 난다.

표 4-1은 2023년 1월 3일 ITmedia 비즈니스 온라인에 게재된 "타이퍼 소비에 대응한 상품·서비스·업태 사례"이다. 예를 들어 표 맨 위의 행의 틱톡을 비롯한 '숏폼 영상'은 짧은 시간에 엔터테인먼트를 소비할 수 있는 점이 특징이다. 2장에서 논한 것처럼, 짧은 시간을 메울 수 있는 숏폼 영상에서는 뭔가를 하기에는 너무 짧지만 아무것도 하지 않으면 지루한 빈 시간에도 확실하게 완결할 수 있는 과제를 제공하므로 영상의 오락성과 (뭔가를 했다는 의미에서) 시간을 낭비하지 않았다는 두 가지 만족을 얻을 수 있다.

'자투리 시간이 생겼으니까'라고 반사적으로 숏폼 영상이나 SNS를 열어 보는 행동은 필자로 하여금 예전에 읽은 조지 리처(George Ritzer)의 1993년 저서 『맥도날드 그리고 맥도날드화(McDonaldization of Society)』를 떠올리게 했다. 맥도날드화(McDonaldization)란, 맥도날드와 같은 합리적인 생산과 소비가 외식산업뿐만 아니라 현대 사회의 생활에 침투하고 있음을 설명하는 개념이다.

다음과 같은 상황을 경험한 적이 있을 것이다.

외출 중 다음 일정이 있기 전에 점심을 먹고 싶은데, 레스토랑에서 천천히 식사할 시간은 없다. 그럴 때 맥도날드를 보면 '맥도날드는 금방 나올 테

표 4-1 타이퍼 소비에 대응한 상품·서비스·업태 사례

장르	대표 기업, 브랜드명	특징
숏폼 영상	틱톡, 인스타릴스, 유튜브 쇼츠	길이가 짧은 동영상 중심이며, 단시간에 시각적으로 즐길 수 있는 콘텐츠가 급증
퀵 커머스	OniGo, Yahoo! 마트 등	최단 15분 만에 주문 상품을 배달해 주는, 편의점의 배달 특화 버전. 창고형 매장이 특징
가사 대행 서비스	CaSy(카지ー)	예약, 결제를 모두 온라인에서 완료. 1시간부터 요청 가능. 타이퍼가 좋은 점이 받아들여져 회원 등록자 수 15만 명 돌파
피트니스	chocoZAP(라이잡)	초심자를 대상으로 1일 5분짜리 컴팩트한 운동을 제공. 2023년 3월까지 300점포 출점 예정
미용실	QB하우스	10분당 1,200엔인 헤어컷 전문점. 타이퍼 소비의 선구자
의류 소매업	SHEIN(싱가포르에 본사를 둔 SHEIN Group)	매주 신제품을 출시하며, 평균 일일 판매량이 80만 점에 달하고, 전 세계 150개국 이상에 진출한 본격 패스트패션 브랜드
냉동식품	@FROZEN(이온 리테일)	이온 스타일 신우라야스 MoNA점 내에 국내 최대 규모의 1,500가지 냉동식품 구비
	GINZA FROZEN GOURMET(마쓰야)	백화점 마쓰야 긴자 식품 매장에서 긴자의 유명 레스토랑 냉동식품을 55개 브랜드, 350가지 아이템으로 구비
음료	수이(翠) 진소다 캔(산토리)	집에서도 가게에서 마시는 것 같은 맛의 진토닉을 간편하게 즐길 수 있어, 연간 판매량 350만 케이스 돌파
유제품 및 유산균 음료	Yakult(야쿠르트) 1000	누적 10억 병 달성. 이 음료를 마시기만 해도 수면의 질이 높아진다는 후기가 입소문을 타며 폭발적인 판매를 기록

가전제품	STAN. 자동 조리 냄비 (코끼리표 보온병)	시간을 절약하고, 짧은 시간 내에 조리 가능한 자동 조리 가전제품. 시리즈 매출 50억 엔 돌파
가전제품	스팀 오븐 렌지 비스트로 (파나소닉)	냉동 상태로 바로 조리 가능한 그릴 기능 등, 조리 시간을 절약할 수 있다는 평가를 받아 기획 대비 300%의 판매 달성 기록
앱	Miles	이동하기만 해도 마일리지를 적립할 수 있는, 효율성이 뛰어난 무료 마일리지 앱, 300만 다운로드 달성

자료: 이와사키 다케유키(岩崎剛幸), "'시간 절약을 원한다' 젊은이들의 '타이퍼' 신앙이
중장년층에게도!? 2023년에도 '배속 소비'가 더욱 확대될 것으로 보이는 이유",
ITmedia 비즈니스 온라인, 2023년 1월 3일
https://www.itmedia.co.jp/business/articles/2301/03/news005.html

니까 간단히 먹을 수 있겠지'라고 생각하며 자연스럽게 맥도날드로 향한다. 주문을 하려고 카운터로 가면 "어서 오세요, 주문을 도와드리겠습니다"라는 말을 듣고, 카운터 위에 놓인 메뉴나 매장의 팝업 광고를 훑어보지만 결국에는 늘 먹던 더블치즈버거 세트를 주문한다. 카운터 뒤에는 능숙한 손놀림으로 더블치즈버거를 준비하는 담당자, 주문표를 보면서 익숙하게 음료 버튼을 누르는 담당자가 있고, 그 사이 완성된 버거를 쟁반에 올리는 담당자가 분업하고 있다. 영수증에 적힌 번호가 불리면 상품을 받아서 먹고, 다 먹고 나서는 쓰레기를 버리고 쟁반을 쓰레기통 위에 올려놓은 채 말없이 매장을 떠난다.

누구나 경험해 본 적 있는 맥도날드에서의 이런 구매 행동은, 소비자와 판매자가 각각의 합리성을 추구함으로써 성립된다. 리처는 맥도날드화를 네 가지 요소로 설명한다.

① 효율성(efficiency): 목표를 달성하기 위한 최적의 방법

→ 소비자 관점: 배고픈 상태에서 배부름에 이르기까지 가장 빠른 방법

→ 판매자 관점: 분업화에 기반한 제공 시간의 최소화

제공 시간의 최소화에 관한 사례로, 맥도날드는 2013년 'ENJOY! 60초 서비스' 캠페인을 진행했다. 이는 계산 후부터 제품 제공까지의 시간을 모래시계로 측정해 60초를 초과할 경우 햄버거 무료 쿠폰을 제공하는 것이었다. 갓 만든 제품을 신속하게 제공한다는 맥도날드화의 효율성 본질을 구체화한 캠페인이라고 할 수 있다.

② 계산 가능성(calculability): 목표는 정성적 요소(맛 등)가 아닌 정량적 요소(매출 등)여야 한다

→ 소비자 관점: '질보다는 양', '빠른 제공 시간'에 우선순위가 놓인다.

→ 판매자 관점: 소비자가 질보다는 시간이나 가격, 양을 더 중시한다고 인식한다.

이는 리처의 생각이고, 필자는 빅맥을 매우 좋아한다. 그렇지만 제공 시간에 몇 십 분이 걸리더라도 육즙 가득한 두툼한 패티를 먹을 수 있는 햄버거 레스토랑과 비교한다면, 맥도날드에서 질보다 시간과 가격이 우선된다는 점에는 의심의 여지가 없다.

③ 예측 가능성(predictability): 서비스의 표준화와 균일화

→ 소비자 관점: 제공되는 것이 항상 균일하기 때문에 이변이 없다.

→ 판매자 관점: 피클 빼기, 감자튀김 소금 빼기 등의 특이 주문을 제외하
면 모두 매뉴얼대로 진행되며, 직원들의 작업은 반복적인 루틴 워크
로 예측 가능하다.

④ 통제(control): 기계적 기술을 도입한 탈인간화

→ 소비자 관점: 어느 매장을 가더라도 동일한 구매 경험을 할 수 있다.

→ 판매자 관점: 철저한 매뉴얼로 표준화된 직원을 양성한다.

메뉴를 보고 있으면서도 결과적으로는 늘 주문하는 더블치즈버거를 주
문하는 것 역시, 제공되는 상품을 완전히 예측할 수 있고 상품의 검토나 신
선함을 배제하는 사고의 효율화라고 할 수 있을지 모른다. 또한 소비자가
무의식적으로 맥도날드의 매뉴얼에 따라 행동하는 점도, '시간이 없으니 맥
도날드에서 해결하자'라고 생각하거나 '귀찮으니 늘 먹던 더블치즈버거를
주문하자'라고 고민 없이 주문하는 것도, 일종의 통제 측면을 갖고 있다.

타이퍼는 예전에는 '시간 단축'이었다

지금까지의 논의를 읽고, 감이 빠른 독자라면 맥도날드화의 배경에는 작
금의 타이퍼를 중시하는 시장이 존재하며, 맥도날드화가 바로 소비자가 타

이퍼 추구를 통해 기대하고 있는 것이라는 점을 인식했을지도 모른다.

숏폼 비디오 시청으로 알아보면 다음과 같다.

① 효율성: 자투리 시간에 효율적으로 오락을 소비하고 싶다.

② 계산 가능성: 동영상의 길이를 알기 때문에, 소비하고 싶은 시간에 맞는 동영상을 선택할 수 있다, 돈을 쓰지 않아도 연이어 동영상이 제공된다.

③ 예측 가능성: 영화처럼 시청 후 큰 만족감이나 성취감을 얻을 수 있는 것이 아니라, 재현 가능한 동일 품질의 동영상임을 시청자가 인식하고 있다.

④ 통제: 시간이 남아서 숏폼 비디오나 SNS를 무의식적으로 여는 행동이 패턴화되어, 소비자는 그 행동을 아무 의심 없이 받아들인다.

이렇게 시청자가 숏폼 비디오에 기대하는 합리성을 찾아낼 수 있다.

현재 타이퍼 시장에서는 주로 효율성이나 합리성에 초점이 맞춰져 있으며, 3장에서 언급했던 타이퍼의 성질, ② 소비 결과에 따라 소비한 시간이 평가되는 것(주로 소비 후), ③ 수고를 들이지 않고 특정 ○○한 상태가 되는 것(주로 소비할 대상을 검토할 때의 지표)은 별로 고려되지 않는 듯하다.

그런데도 문맥도 고려하지 않은 채 타이퍼라는 말을 남발한다면, 그 말을 듣는 사람은 혼란스러울 것이다. 단도직입적으로, 타이퍼라는 말을 세상에 널리 알린 계기는, ③ 수고를 들이지 않고 특정 ○○한 상태가 되는 것(예: 소통하기 위해 영화 시청에 타이퍼를 의식하는 젊은이)이라는 성질이 있었음에도, 실제로 시장에서는 오래전부터 존재해 온 '작업의 효율성'이 주목받았다.

지금에 와서야 '타이퍼'가 일반적이지만, 예전에는 '시간 단축'이라는 표현이 빈번히 사용되었다.

일하는 방식이 개혁되면서 워크라이프 밸런스에 대한 관심이 높아졌고, 2009년 각 사업장에 단시간 근무 제도 도입이 의무화되자, 미디어를 중심으로 가사에 초점을 맞춘 노동시간 단축(시간 단축)이 다루어지게 되었다.

TV에서는 2009년 10월부터 '하루 2시간을 절약하자'라는 캐치프레이즈 아래, 일상 가사 전반에 관한 각종 효율화, 시간 단축 방법을 소개하는 〈시간 단축 생활 가이드 SHOW〉(TBSテレビ)가 방영되어, 가사 영역에서 '시간 단축'이라는 개념이 오랫동안 의식되어 왔다. 더 거슬러 올라가면, 1990년대 후반에는 〈이토 집안의 식탁〉(日本テレビ) 붐을 계기로 미디어가 일상에서 사용 가능한 '꿀팁'을 앞다투어 다루기 시작하여, 가전제품이나 기성 상품·서비스로는 해결되지 않는 가사 효율성을 소비자들이 의식하게 되었다.

'꿀팁', '시간 단축', '타이퍼'로 단어는 바뀌어도 그 본질은 변하지 않는다. '시간 효율'은 타이퍼 시장에서 특별히 새롭지 않고, 단어를 바꾸면서 시장을 환기해 왔다. 분명 '청소 시간 단축'이라는 표현보다는 '청소 타이퍼 향상!'이라고 하는 편이 더 귀에 쏙 들어올 것이다.

표 4-1에는 10분당 1,200엔 하는 헤어컷 전문점 'QB 하우스'도 언급되어 있다.

역 안이나 슈퍼마켓에 함께 있어 자투리 시간에 머리를 자를 수 있다는 점에서는 타이퍼의 좋고 나쁨을 평가할 수 있을지 모르지만, 일반적으로 이

발소에 기대하는 것은 기술과 비용이다.

10분에 1,200엔이라는 점보다는, 진짜 10분 안에 이발을 끝낼 수 있다면 1,200엔은 만족스럽다라는 코스퍼에 가치를 두는 사람이 대부분일 것이다.

다른 예로 냉동식품에서 반찬 배달 서비스 '나시(nosh)'는 2020년 1월에 약 18만 개였던 월간 판매량이 2021년 11월에는 약 150만 개로 확대되었다. 리크루트가 운영하는 인터넷 예비학교 '스터디 서플리'의 2020년도 누적 회원 수는 전년도의 110만여 명에서 194만여 명으로 증가했는데, 그 요인 중 하나로 배속 시청 기능의 도입이 손꼽힌다.

또한 TV 업계에서는 토크 프로그램 〈그거 필요해? 롯폰기 회의〉(テレビ朝日)의 2023년 5월 4일 방송 회차에서 '배속 방송'이 실시되는 등, 본래 타이퍼와 친화성이 낮은 업계에서도 효율화와 시간 단축의 측면으로서 타이퍼의 존재감이 점점 커지고 있다.

'해 본 느낌'을 얻을 수 있는 시장의 확대

❶ chocpZAP

RIZAP 그룹은 퍼스널 트레이닝과 일일 식사 상담 지원을 제공하는 'RIZAP(라이잡)'을 운영하는데, 2022년 7월 라이트 유저를 위해 저렴한 무인·소형 트레이닝짐 chocpZAP을 시작했다.

월 2,980엔으로 모든 지점을 365일 24시간 무제한으로 이용할 수 있어 코스퍼 측면에서도 좋지만, 무엇보다 '편의점 짐'이라는 콘셉트가 특징이다. 복장도 자유롭고, 신발도 갈아 신을 필요 없이 그대로 운동할 수 있어 편의점에 들르는 느낌으로 운동할 수 있다. 굳이 옷을 갈아입으러 집에 가거나, 무거운 몸을 일으켜 헬스장에 가지 않아도 된다.

다만, 모회사 RIZAP과는 달리 트레이너에게 직접 체형 관리를 받는 것이 아니라서, 살을 빼는 목적을 달성하는 데는 타이퍼를 기대하기 어렵다. 어디까지나 가격이 저렴하고 간편하게 헬스장에 등록할 수 있다는 점과 방문하기 위한 수고(비용)가 적다는 점에서 타이퍼가 좋다고 할 수 있다.

❷ flier

'한 권을 10분 만에 읽을 수 있도록 요약, 비즈니스맨이 지금 읽어야 할 책을 엄선!'이라는 콘셉트를 추구하며, 비즈니스맨과 취업 준비생을 대상으로 좋은 책과의 만남을 촉진하는 시간 단축 독서 서비스이다.

비즈니스 서적이나 교양서를 한 권 읽는 데는 4~6시간이 걸린다고 한다. flier(플라이어)는 비즈니스 서적을 10분 만에 읽을 수 있도록 요약 제공해서, 출퇴근 시간 등 자투리 시간에 활용 가능하기 때문에 지식 습득에 높은 의욕을 가진 비즈니스맨들에게 널리 이용되고 있는 것 같다.

작가 레지(レジー)가 저서 『패스트 교양: 10분 만에 답을 원하는 사람들(ファスト教養: 10分で答えが欲しい人たち)』에서 언급했듯이, 특히 비즈니스맨들에게는 '다른 사람과 차별화됨으로써 주변을 제치고 살아남아야 한다'라는 의식이 있어서, 다양한 장르의 정보를 대충이라도 빨리 입력하고 싶은 것이다. 그들에게 교양은 일종의 커뮤니케이션 도구이며, 인풋 시간을 단축함으로써 커뮤니케이션 때 아웃풋을 가능한 한 증대시키고 싶어 한다.

군이 다시 언급할 필요는 없지만, 교양이나 비즈니스 스킬은 오타쿠의 지식과 마찬가지로 시간을 들여 쌓아 나감으로써 본래의 가치를 창출한다. 그러나 '여러 이야기를 할 수 있는 상태', '똑똑한 사람으로 보일 만한 지식을 가진 상태', '면접을 위해 화제의 책 내용을 알고 있는 상태'가 목적이라면, 10분 만에 그 책의 내용을 알 수 있는 것이 매우 타이퍼가 좋다고 할 수 있다.

또한 3장에서 소비자에게는 '소비에 실패하고 싶지 않다'라는 마음이 있다고 언급한 바와 같이, '애써 읽었는데 필요한 부분은 한 페이지도 없었다', '천천히 읽었지만 너무 어려워서 이해할 수 없었다'와 같은 독서 경험이 있는 사람들은 몇 시간이나 걸려 읽고도 남는 것이 없는 실패를 하고 싶지 않을 것이고, 게다가 몇 천 엔을 주고 산 책에서 전혀 배울 것이 없었다면 소비를 후회하게 될 것이다.

이러한 리스크를 고려할 때, 시간을 많이 소비하지 않고 월 500엔부터 서비스를 이용할 수 있다면, 타이퍼도 코스퍼도 좋다고 할 수 있다.

❸ 사비카라

2021년 12월부터 노래방 기기 조이사운드(JOYSOUND)에서 이용할 수 있게 되었으며, 곡의 가장 흥겨운 부분인 '사비'만 기분 좋게 부를 수 있는 새로운 감각의 서비스이다. 2장에서 언급한 것처럼, 소비 대상 콘텐츠는 '맛있는(제일 재미있는) 부분만 있으면 된다'는 생각이 일반화 되어 가는 가운데, 노래방이라는 오락에서도 '맛있는 부분'만이 요구되고 있다.

확실히 노래방에 가서 그리 유명하지 않은 곡을 부를 때, 친구가 휴대폰을 만지작거리거나 음료수를 가지러 자리를 뜨는 일은 자주 있다. '모두가 사비는 알고 있을 테니까'라고 안전 장치를 걸고 노래를 부르는 사람도 있다. 무엇보다 잘 모르는 노래더라도 사비만 신나게 부른 경험이 있는 사람은 필자만이 아닐 것이다.

예전부터 사비로 건너뛰는 기능은 있었지만, "미안해, 사비만 부를게"라고 익숙한 손놀림으로 리모컨을 조작하고 있으면 뭔가 필사적인 느낌이 들고 어색하다. 혼자 가는 경우를 제외하면, 노래방은 커뮤니케이션 오락이다. 그저 흥겨움을 추구하는 데 집중한다면, 사비만 부르는 것이 타이퍼가 좋은 선택일지도 모른다.

동시에 4명 이상과 연락하고 일주일 이내에 데이트 약속 잡기

매칭 앱 '오미아이(Omiai)' 회원을 대상으로 한 앱 사용 방법에 관한 조사[1]에 따르면, Z세대(특히 18~25세)는 연애에서도 타이퍼 의식이 강해서 동시에 4명 이상의 상대와 연락을 주고받는다고 한다.

한 사람과 오래 메시지를 주고받기보다는 동시에 여러 사람과 메시지를 주고받으며 그중에서 마음이 맞는 사람을 찾아 효율적으로 데이트로 이어

---

1 주식회사 넷마케팅, "Z세대는 '타이퍼' 의식으로 약 33%가 4명 이상과 동시 진행! Z세대·결혼 활동 중심 세대·40대 이후의 매칭 앱 사용 방법 비교 조사!", PR TIMES, 2023년 2월 1일
https://prtimes.jp/main/html/rd/p/000000128.000004974.html

가고 연인 관계로 발전시키는 경향이 있는 것 같다.

또한 같은 조사에서 '매칭 앱에서 만난 이성과 데이트 약속을 잡기까지 걸리는 일수'에 대해 물었는데, Z세대는 '일주일 미만'이 20%로 가장 높았으며, 이는 다른 세대와 비교했을 때 압도적으로 짧은 일수였다.

매칭 앱에서는 '메시지를 주고받는 횟수와 기간의 길이'와 '교제할 수 있는 확률' 사이에 상관관계가 없고, 장기간의 메시지 주고받기가 무의미하게 끝나는 경우도 드물지 않다. Z세대는 간결한 메시지 주고받기를 선호하며, 문제가 없는 상대라고 판단되면 바로 만나서 짧은 기간 내에 교제 여부를 결정하는 경향이 있다.

또한 취업 시에도 타이퍼 의식을 가진 젊은이들이 적지 않다. 2023년 4월 2일 아사히신문 디지털에 게재된 "고급차를 동경하여…… 신입 사원이 갑자기 원양 어선에 급증 '열심히 하면 돈을 많이 벌 수 있다'"[2]에 따르면, 미야기현 게센누마시에서 가다랑어·참치 원양 어선 일(바다 위에서 장기 생활을 함)을 선택하는 젊은이가 급증하고 있으며, 전년도에 비해 4배 이상 증가했다고 한다.

원양 어선의 경우, 10개월 동안 바다에 나가 있다가 귀항하면 50~60일을 쉬는 패턴으로, 어획량에 따라서는 1년차에도 연봉 500만 엔이 가능하다고 한다. 게다가 배에 타고 있는 동안에는 집세나 식비, 공과금이 들지 않

---

2   호시노 유스케(星乃勇介), "고급차에 대한 동경으로…… 갓 졸업한 신입 사원 중 갑자기 원양 어선 행이 급증 '열심히 하면 돈 벌 수 있다'", 아사히신문 디지털, 2023년 4월 2일
    https://www.asahi.com/articles/ASR416R50R3KUNHB00C.html

는다. 참고로 후생노동성의 "레이와 2년(2020년) 임금구조기본통계조사"에 따르면, 대졸자의 평균 연봉은 약 226만 엔이었다.[3]

종신 고용에 안주하지 않는 것이 일반화되었다. 다니는 회사는 물론, 일에 대한 우선순위나 동기 부여가 낮은 사람도 많다. 이러한 환경에서 '열심히 하면 주변 동 세대보다 더 많이 벌 수 있다'라는 점은 충분히 일에 대한 동기 부여가 될 수 있다. 무엇보다 집세, 식비, 공과금이 들지 않고 귀항해서 50~60일의 휴가를 받을 수 있다면 거기서 타이퍼의 장점을 발견하는 사람이 있어도 이상하지 않다.

연애든 취업이든, 타이퍼의 좋고 나쁨을 판단하는 것은 어디까지나 당사이자이다. 다양성이 인정되는 사회로 나아가고 있기 때문에 인생 설계나 장래의 비전에 대해 타이퍼의 개념을 들고 나오는 사람이 생겨도 이상하지 않다.

타이퍼 시장이 놓치고 있는 점

필자는 시장이 주도하여 타이퍼(효율성의 측면)를 추구하는 것에 대해 다양한 타이퍼 상품이나 서비스 덕분에 우리의 노동(작업)이나 수고, 번거로움이 경감되어 많은 소비자에게 도움이 되고 있다고 평가한다. 그러나 타

---

3   후생노동성, "레이와 2년(2020년) 임금구조기본통계조사"
     https://www.mhlw.go.jp/toukei/itiran/roudou/chingin/kouzou/z2020/dl/09.pdf

이퍼 (수고를 들이지 않고 ○○한 상태가 되는) 시장에는 의문을 품게 하는 상품이나 서비스도 존재한다.

예를 들어, 도쿄 메트로는 하쿠호도와 함께 2022년 8월부터 도쿄 메트로 노선의 상점들이 취급하는 '상품'과 '체험'을 세트로 '도쿄○○입문BOX'를 기간 한정으로 판매했다.

도쿄 메트로 노선의 매력 있는 음식 전문점들과 협력하여 새로운 체험을 제공하는 것이 목표로, 전문점이 취급하는 '4종 상품'과 그 상품의 맛이나 특징을 4사분면으로 분류한 'MAP'을 세트로 제작해 판매했다. 상품의 매력이나 산지, 제조법, 종류별 차이, 상품과 관련된 칼럼이 적힌 MAP을 보고 비교함으로써 상품에 대한 이해가 깊어지고, 새로운 '발견'으로 이어지는 체험을 제공한 것이다.

라인업에는 치즈케이크, 홍차, 커피, 매실 장아찌, 꿀 등이 포함되어 있다. 소믈리에에게 와인을 추천해 달라고 하듯이, 그 분야의 전문가가 입문용으로 추천하는 네 가지 상품을 즐길(경험할) 수 있다는 콘셉트는 다양한 음식을 체험하는 시도로, 전철 광고를 본 필자도 감탄했다.

그러나 캐치프레이즈에 충격을 받았다.

"단 4종류로 그 세계를 알 수 있다."

입문용 세트로서 그 분야에 흥미를 유발하는 단초를 제공한다는 점이 소비자에게 편리한 건 사실이지만, 이 캐치프레이즈를 곧이곧대로 받아들이면 '이 4개의 상품만 알면 충분하다'는 뜻이 되어 버린다.

영화 오타쿠가 되고 싶은 젊은이가 "어떤 영화를 봐야 오타쿠가 될 수 있을까요?"("영화를 알게 된 기분이 들까요?")라고 다른 오타쿠에게 묻는 것과 본질은 전혀 다르지 않으며, 더 나아가 오타쿠 쪽에서 "이 4편을 보면 영화 세계를 알게 된 기분이 들 거야!"라고 메시지를 전달하는 것과 같다. 물론, 이 입문용 세트를 구매한 계기로 더 탐구하고, 더 높은 수준의 경험이나 감동으로 이어지는 흐름을 의도하고 있다는 점은 이해하지만, 모든 소비자가 이 흐름에 동참하는 건 아니다.

정보 탐구에 수동적인 소비자가 이 메시지를 받아들인다면, 새로운 경험의 입구가 될 입문용 세트의 존재가, 그 소비자로 하여금 같은 장르의 다른 상품을 구매할 필요가 없다고 생각하게 만드는 이유가 될 수 있다.

특히, 소비에 실패하고 싶지 않은 층에서는 입문용 세트로 그 세계를 전반적으로 알 수 있다면, 모험을 감수하면서까지 다른 상품을 선택할 동기가 생기지 않는다. 물론 군이 차량 내부의 광고를 보고 사이트에 접속해서 개인 정보를 입력하고 꽤 괜찮은 가격의 세트를 구매하는 것까지 보면, 이 상품을 구매하는 소비자 중에서 수동적이고 탐구심이 없는 사람이 적을지도 모르겠다.

이미 완전히 차림상이 준비된 '패스트 경험'

이에 국한되지 않고, 소비자가 반드시 소비하지 않아도 되는 상품군이나 서비스에서, 소비자의 타이퍼 향상에 호소하는 듯한 콘셉트나 광고 문구로 수요를 창출하려는 경향이 강해진 것 같다.

'○○한 상태가 되는' 것에 대한 욕구는 소비자가 일상생활을 통해 만들어 낸 소망이나 비전이며, 그 소망을 얼마나 빠르게 달성할 수 있는가라는 수단으로 타이퍼가 추구된다. 그것은 누군가에 대한 동경일 수도 있고, 커뮤니케이션 도구일 수도 있으며, 필요에 의한 어쩔 수 없는 경우 등, 계기는 다양할 수 있지만, 동기 부여는 자신의 능동적인 의식에 의해 만들어진다.

그러나 시장에는 "이것만 알면 OK"와 같은 유혹적인 문구가 유도선으로 사용되는 경우가 많다. 예를 들어, 소비자가 스스로 '커피, 꼭 알아야 할 것들'을 인터넷에서 검색하고 있다면 모르지만, "이 4종류만 알면 커피 세계는 OK"라고 시장 측에서 접근(광고)해 온다면, 소비자는 커피 세계에 대해 자세히 알고 싶다는 잠재의식을 가지고 있지 않아도, "커피 세계에 대해 전반적인 감만 알면 되잖아요"라고 시장이 전제하는 메시지를 받게 된다.

그리고 "그럼 여기서 몇 개 골라 봤어"라며 상품의 선택지가 좁혀지고, 자동으로 '커피 세계를 대략이나마 아는 상태가 되기 위한 수단'으로서 타이퍼를 의식한 세트를 추천 받는 것이다. 다시 말해, "당신이 (빠르게) 커피에 대해 (자세히) 알고 싶어 하는 것 같아서, 타이퍼가 좋은 수단을 준비했어요"라고 말하는 것과 같다. 잠재적으로 흥미를 가진 소비자에게는 마치 필요한 곳에 손이 닿은 듯한 '무언가 한 것 같은 소비'일 수 있겠지만, "이것만으로 이해할 수 있구나"라고 그 세계에 대한 시야를 한정할 수도 있다.

이 광고 카피에 크게 신경이 쓰였던 이유는, 필자가 오타쿠이기도 하고, 그 세계를 제대로 끝까지 아는 데 지름길이나 비법은 없다고 생각하기 때문이다.

해당 분야를 좋아하기 때문에(관심이 있기 때문에) 알고 싶고 탐구하고 싶다는 동기가 생기는 것은 당연하다. 앞서 언급한 작가 레지는, 교양으로 이어지는 지식을 제공하는 쪽과 제공 받는 쪽의 의식이 돈을 버는 데만 특화되어 있는 '효율적으로 교양을 얻기 위한 콘텐츠'를 '패스트 교양'이라고 정의했다. 마찬가지로 무언가 한 것처럼, 무언가 알게 된 것처럼 느끼게 하는 감각을 소비자에게 제공하는 것도 '그것만으로 이해할 수 있다면', '그렇게 간편하다면', '그렇게 쉽다면' 하고, 그 자체에 대한 흥미보다 누군가가 간편하게 해 주어서 최소한의 노력으로 달성할 수 있다는 기회 손실을 막는 것이 소비의 동기가 되고 있다.

커피에 대해 몰라도 죽지 않고, 일상에서도 곤란해지지 않는다. 커피로 먹고살려는 사람이라면 오히려 커피를 열심히 공부할 것이다. 시장이 소비자를 위해 차려 준 것 같은 '패스트한 경험'으로 자신의 흥미와 관심을 충족시킬 필요는 없고, 자신의 흥미와 관심을 '패스트한 경험'으로 대충 끝내 버릴 필요도 없다고 생각한다.

'오타쿠'는 붙였다 떼었다 할 수 있는 '태그'가 되었다

필자의 주된 연구 주제는 '오타쿠의 소비'이다.

앞서 언급한 것처럼, 기존의 콘텐츠를 열심히 소비하는 '오타쿠'라고 불리는 소비자를 정의한다면, '자신의 감정에 긍정이든 부정이든 큰 영향을 줄 만큼 의존성을 발견한 관심 대상에 시간과 돈을 과도하게 소비하고, 정신적 충족을 목표로 하는 사람'이라 하겠다.

오타쿠가 하는 소비의 근저에는 자신의 정신적 충족이 있으며, 소비를 통해 평온함과 만족감을 추구하기 때문에 의존성이 생기기 쉽다. 그래서 계속 소비해도 만족할 수 없고, 좋아하는 콘텐츠에 대한 소비를 반복하며 몰입한다.

한편 Z세대가 말하는 '오타쿠'는 취미를 나타내는 단어로 변화했다. '자신이 가치를 느끼는 데 돈과 시간을 쓰는 것'을 '오타쿠 활동', '오시카츠'라고 부르는 경우도 일반화되었으며, 일상적으로도 '주말에는 오타쿠 활동 할 예정', '오타쿠 활동 하느라 바쁘다'라는 식으로 말한다.

하지만 오타쿠 활동이 '하다'라는 동사와 결합하여 동사로 쓰이는 점에는 다소 위화감을 느낀다. 오타쿠가 내재화된 개성이라면, 그 사람은 항상 오타쿠 상태여야 한다. 또한 무언가를 좋아하는 상태가 오타쿠라면, 오타쿠라는 단어는 일종의 마음가짐(정신)으로 개인 안에서 일관된 상태라고 생각할 수 있다.

간단히 말하자면, 오타쿠는 항상 오타쿠이다. 일을 할 때도, 밥을 먹을 때도, 화장실에 있을 때도, 잠을 잘 때도, 자신이 오타쿠라는 사실은 변하지 않는다. 또한 그 대상에 대해 좋아하는 기간이 지속되는 한, 계속 오타쿠로 남는다.

하지만 '오타쿠 활동을 한다'는 말은 자신의 관심 대상을 실제로 소비할 때 사용하는 표현으로, 행동(구매, 시청, 이벤트 참여)이 끝나면 '오타쿠 활동'도 끝이 난다.

예를 들어 '주말에는 오타쿠 활동을 할 예정'이라는 말은 주말에 자신의 취미와 관련된 일정이 있음을 나타내고, '오타쿠 활동을 하느라 바쁘다'라는 건 굿즈나 CD 출시일이 겹치거나 여러 라이브에 참가할 예정이라 시간적으로나 경제적으로 할 일과 소비할 것이 많아 일정이 꽉 차 있음을 의미한다.

하지만 오타쿠는 상태를 나타내는 영구적인 마음가짐이며, 잠을 잘 때도 일을 할 때도 항상 오타쿠는 오타쿠이기에, 오타쿠 활동은 오타쿠를 그만두기 전까지 끝이 없다고 본다. 그러나 오타쿠가 사람을 나타내는 총칭에서 관심 대상을 가리키는 총칭으로 의미가 확장되면서, 단순한 마음가짐이 아니라 붙였다 떼었다 할 수 있는 태그 같은 역할도 하게 된 것이다.

따라서 관심 대상을 소비하는, 즉 오타쿠로서의 소비가 드러나는 행동을 굳이 '오타쿠 활동'이라고 부름으로써, 자신의 정체성을 전환하거나 오타쿠로서 온·오프 모드를 두어 구분하고 있는 것이다.

오시카츠에도 부는 타이퍼의 바람

젊은이들의 오타쿠 활동에 대해 이 책의 주제와는 닿지 않는 맥락에서 논의한 듯 보일지도 모르겠으나, 지금까지의 설명으로 필자가 타이퍼와 코스퍼에 대해 느끼는 의문을 짐작할 수 있을 것이다.

기존의 문맥에서 말하는 엘리트 오타쿠(현재 '진짜 오타쿠'라고 하는 부류)의 소비와 콘텐츠 취향에 대한 가치관과, 소비자 한 명이 여러 관심 대상을 오타쿠 취미라고 인정하며 '나는 오타쿠입니다'라고 칭하는 문맥으로서 오타쿠의 가치관은 그 성격이 다르다. 그럼에도 불구하고, 적어도 후자에 있어서도 그 콘텐츠를 좋아하기 때문에 소비한다는 점에서는 기존의 오타쿠와 다를 바 없을 것이다.

전술한 바와 같이, 미래에 대한 비전을 찾기 어려운 경우에 소비는 현재를 지향하기 쉽다. 엘리트 오타쿠와 같은 수준은 아니더라도, 일상적인 소비층에게도 오타쿠 활동은 그날그날을 버티기 위한 활력소이고 정신적 충족의 측면을 지니고 있을 것이다. 그럼에도 불구하고, 오타쿠 활동에서도 타이퍼와 코스퍼를 추구하는 사람들이 있는 것이다.

만약 그것이 합리적이라면 굳이 문제 삼지 않겠지만, 예를 들어 자신의 최애가 출연하는 드라마나 영화 중에 어떤 것을 봐야 할지 다른 오타쿠에게 묻거나, 좋아하는 아이돌 그룹이 있어도 표제곡(CD의 타이틀 곡)만 듣고, 콘서트에서는 다른 사람이 올린 세트 리스트를 참고해 그 곡만 예습하고 참여하는 등 타인의 지식이나 경험에 기대는 경우가 있다. 스스로 노력하여 정보를 수집하거나, 최애 아이돌이 참여한 모든 곡이나 영상을 소비하는 등 기존 오타쿠가 당연하게 여겼던 것조차 하지 않고, 좋아하는 것을 좋아하는 방식으로 소비하는 것이 지금은 주류이다. '오타쿠라면 소비하는 게 당연하다', '오타쿠라면 알고 있어야 한다'라는 당위론이 강요되는 일도 드물다.

게다가 만화나 애니메이션 오타쿠를 자칭하면서도 해당 만화나 애니메이션의 DVD를 소유한 사람은 적고, 그중에는 불법 업로드 영상을 시청하는 사람도 있다. 음악에서도 오타쿠를 자칭하면서 유튜브에 올라온 것만 듣는 사람도 있다.

'돈을 소비하지 않으면 오타쿠가 아닌가?'라는 질문에 '그렇다'라고 대답할 수는 없지만, 대가를 지불하지 않고 시간도 들이지 않는 프리라이더와 콘텐츠에 목숨을 거는 소비자가 '오타쿠'로 통칭되는 점은 의문이다.

SNS를 이용함으로써 다른 오타쿠들과 교류하기가 쉬워졌기 때문에, 익명 네트워크 게시판 2채널 시절의 '반년간 ROM 해라'(커뮤니티의 콘텍스트를 이해하라, ROM = Read Only Member, 인터넷 게시판에서 회원 간 대화나 상호작용에 참여하지 않고, 단순히 열람만 하는 사용자를 의미한다—옮긴이 주)나 'ggrks'(네가 직접 조사해라, ググれカス, 직역하면 구글 검색해라 쓰레기야라는 뜻으로 한국의 핑거프린세스, 핑프와 같은 의미이다—옮긴이 주)처럼 기존 오타쿠들이 강요 당해 왔던 암묵적인 규칙을 무시하고, 쉽게 다른 오타쿠에게 질문하는 무책임한 자세에 의문을 품는 오타쿠도 있다.

'반년간 ROM 해라'나 'ggrks' 정신은, 알고 싶은 것은 대개 게시판 대화에 존재하므로 스스로 조사하면 알 수 있다는 생각에 기반하며, 쉽게 묻는 행위는 금기시되었다. 무엇보다 좋아하는 것에 대해 다른 오타쿠에게 질문하는 행위는 자신의 무지나 정보 탐색 능력의 부족을 드러내기 때문에 부끄러운 일이라고 생각하는 층도 존재한다.

이러한 의식을 가진 오타쿠들에게 쉽게 질문을 던지는 수동적인 자세는 '정말로 그 콘텐츠를 좋아하는가?'라는 의구심을 품게 한다.

이처럼 '해당 분야를 자세히 알지 못한다고 오타쿠를 자칭해서는 안 되는 건가?', '특별히 열심히 오타쿠를 하려는 생각은 없다'와 같은 젊은이들의 태도가 기존 오타쿠와의 괴리감을 만든다.

거듭 말하지만, 오타쿠 활동이나 좋아하는 아이돌에 대한 덕질을 비롯한 엔터테인먼트는 굳이 소비하지 않아도 살아갈 수 있다. 그럼에도 불구하고 스스로 좋아해서 소비하고 있다면, 그 소비는 능동적이어야 하고, 스스로 탐구심이나 관심의 폭을 제한하는 건 아깝다고 생각한다.(쓸데없는 참견일지도 모르지만 말이다.)

한편 오타쿠를 옹호하는 것은 아니지만, 다양한 분야에 관심을 가지고 그때그때 다른 소비를 하는 것은 현대 소비사회에서 이상한 일이 아니다. 오히려 같은 대상만 열심히 소비하는 사람이 드물 것이다. 이렇게 많은 정보와 물건이 넘쳐 나는 가운데 하나의 관심 대상만을 사랑하라고 하는 것은 가혹하고, 여러 가지 취미는 전혀 문제될 일이 아니다. 또한 좋아하는 것을 소비함에 있어 의무감이나 타인의 강박관념에 사로잡히는 것도 이상하다.

열정의 정도와 관계없이 사람들은 자신을 오타쿠라고 칭한다. 취미에도 우열을 두고 나름 열심히 소비하는 사람이 있는가 하면, 표면적이고 수동적으로 그저 타인과 이어져 있기 위해 취미를 소비하는 사람도 있다.

'디즈니에 가면 제일 먼저 하는 일'

이처럼, 일상적으로 오타쿠를 자칭하는 층뿐만 아니라, 많은 소비자가 이전보다 더 '즉시적인 만족'을 추구하면서 '그 순간을 즐기는 타입의 소비'가 두드러지게 되었다.

정보가 넘쳐 난다면 소비하고 싶은 관심 대상도 총체적으로 넘쳐 나며, 하나의 소비 대상에 집착하기보다는, 각각의 소비에 드는 무게를 줄이고, 속도감과 간편함, 즉 '패스트한 경험'이나 '패스트한 소비'를 좇는다.

그래서 우리는, 구독 서비스나 공유와 같은 소유하지 않는 선택지를 향유하고, 한 번 사용하면 만족하고, 아직 사용감이 얕을 때 바로 중고 앱에

출품한다. 다음 번 사용을 고려해서 구매하기보다는, 그 순간 필요한 니즈를 어떻게 더 간편하고 빠르게 채울 수 있을지를 추구한다고 볼 수 있다.

여담이지만, 얼마 전 트위터에 디즈니랜드의 꿀팁이라며 한 게시물이 올라왔다. 이 게시자야말로 즉시적이고 순각적인 소비를 몸소 실천하고 있다고 할 수 있을 것이다. 확실히 일상에서 디즈니랜드 머리띠를 착용할 일도 없고, 디즈니랜드에 가는 친구들이 항상 같지도 않기 때문에, 다음에 갈 때도 비슷한 물건을 살 수 있고, 그것이 장롱 속에 처박혀 있는 것보다, 시장 가치가 있을 때 내놓는 편이 합리적이라면 합리적이라고 할 수 있다.

가령 2천 엔에 산 물건이 1,800엔에 팔렸다면, 200엔으로 하루 동안 사용하고 집에 보관하지 않아도 되는 이점이 있으므로, 타이퍼도 코스퍼도 좋다고 할 수 있다. 어디까지나 그 날, 그 장소에서의 니즈 충족이 목적이며, 현재 지향적인 소비의 측면도 엿볼 수 있다.

또한 앞서 언급한 것처럼, SNS의 보급으로 유행이나 밈이 탄생하면, 모두가 그 유행을 소비하여 SNS에는 재현 가능성이 높은 비슷한 소비 결과가 줄지어 나타난다. 그러나 어느새 그런 게시물도 감소하고, 대중매체가 그

디즈니에 가면 제일 먼저 하는 일
디즈니랜드 머리띠 사진을 찍어 메루카리(メルカリ)에 올린다. 1,800엔으로 설정하면 바로 팔리기 때문에 돌아가는 길에 편의점에서 발송한다. 어차피 쓰레기가 될 머리띠. 집에 가는 길에 발송하면 귀차니스트도 문제없다. 티끌 모아 태산 절약법.

X(구 트위터) 사용자 ぎょうざのりさ(@gyozanohitodesu)
2023년 4월 27일 18:30
https://twitter.com/gyozanohitodesu/status/1651519091470110722

유행을 언급할 때쯤에는 인터넷에서 이미 인기가 시들해진 경우가 흔하다.

현대 문화와 관련된 움직임은 함께 하나가 되어 순간적으로 달아오르는 집단 열광의 형태로 나타나는 경우가 많으며, 짧은 생명을 가지고 시공간적으로 확산된 장소에서 일어난다.[4]

취미에서도, 일상에서 얻는 자극에서도 소비자의 관심은 쉽게 변하기 마련이며, 같은 것에 머무르기란 불가능하다고 할 수 있다.

비싼 전매품을 사는 사람의 심리

일상을 돌아보자. 아침에 일어나 스마트폰으로 소셜 게임의 로그인 보너스를 받은 지 몇 분 후에는, 출근길 전철에서 좋아하는 음악을 듣고, 만화 앱으로 좋아하는 만화를 읽는다. 집에 돌아와서는 게임을 하면서 넷플릭스를 틀어 놓고, 자기 전에는 이를 닦으며 유튜브의 숏폼 영상을 본다. 하루를 통틀어도 관심은 유동적으로 변하며, 그때그때 소비할 수 있는 대상, 소비할 수 있는 분량의 것을 무의식적으로 선택하여, 루틴처럼 콘텐츠와의 접점을 유지하는 것이다.

또한 아침 전철에서 새로 나온 편의점 디저트 정보를 입수하면 점심시간에는 그것을 구매하고, 퇴근길 전철에서 또 새로운 무언가와 마주치면 그

---

4   미나미다 가쓰야(南田勝也), 「변화하는 콘텐츠(変化するコンテンツ)」, 쓰지 이즈미(辻泉)·미나미다 가쓰야·도바시 신고(土橋臣吾) 편저, 『미디어 사회론(メディア社会論)』(유히카쿠 스튜디어, 2018).

욕구를 충족시키려 한다. 우리 관심의 중심은 '지금'이며, '지금' 일어나는 많은 욕구는 즉각적으로 충족되고, 충족되면 곧바로 '지금' 충족하고 싶은 다른 욕구가 생기며, 조금 전에 한 소비는 금방 잊어버린다. 소비자는 그 순간만 채우면 되기 때문에, 소비에 시간도 수고도 들이고 싶지 않고, 알맞은 시기를 놓치고 싶지 않다.

인기 유튜버 히카킨이 런칭한 브랜드 'HIKAKIN PREMIUM(히카킨 프리미엄)'의 상품으로, 2023년 5월 세븐일레븐에서 '미소킨' 컵라면과 컵밥이 판매되었다. 발매 당일에는 전국적으로 품귀 현상이 일어나 사지 못한 소비자도 많았다.(필자도 그중 하나이다.) 소비자들은 맛보다 히카킨이 기획했다는 점과 분명히 화제가 될 것이라는 점에 가치를 두고 있으며, 화제의 시기를 놓치지 않으려 고가에 되팔이하는 중고 거래 사이트에서 구매하는 사람도 눈에 띄었다.

그들은 '지금' 생긴 욕구를 '지금' 소비하는 데 높은 우선순위를 두고 있다. 여러분도 처음에는 정말 갖고 싶었던 상품을 손에 넣지 못하는 기간이 길어지면 열기가 식어 버리거나, 나중에 사기 쉬워진 걸 보고 구매 욕구가 사라진 경험이 있지 않은가?

어디서 팔고 있는지도, 언제 다시 판매될지도 모르는 상품을 기다리는 동안 생기는 스트레스나, 처음부터 자신의 관심이 쉽게 옮겨 간다는 것을 자각하고 있기 때문에, '지금'을 놓치면 다른 관심사에 묻혀 버린다는 리스크를 고려해 비싸더라도 며칠 후에는 집으로 도착한다는 점이 확실한 중고 거래 앱을 이용한다. 이것이 바로 비용을 무시하고 타이퍼를 중시한 소비라고 할 수 있다.

또한 유튜브나 SNS를 보다가 신경 쓰이는 건강 기능 식품이 있는 경우, 공식 사이트에서 사려면 회원 가입을 하든지 개인 정보를 입력해야 하는 수고를 들여야 하는 점이 싫어서 중고 거래 앱의 전매품을 비싸더라도 구매하는 소비 행동과 마찬가지이다.

이처럼 소비자의 관심이 바로바로 이동하기 때문에, 소비자는 그 전의 소비 대상에서 간단히 벗어날 수 있고, 새로운 소비 대상을 쉽게 이용할 수 있는 '낮은 장벽'과 '간편함'을 시장에 요구한다.

오타쿠 활동의 분산투자

앞서 오타쿠는 하나의 마인드가 아니라, 붙였다 뗄 수 있는 태그와 같은 역할도 하고, '지금은 ○○ 오타쿠'로 칭하며 자신의 정체성을 바꿀 수도 있는 것이라고 말했다. 이는 취미에서도 '간편하게' 떠날 수도 있고, 시작할 수도 있는 유동성을 요구한다.

이는 취미의 소비 내용에도 드러난다. 여중고생의 리서치·마케팅을 하는 AMF가 발표한, 2021년 하반기에 유행한 트렌드 "JC·JK 유행어 대상 2021"의 '물건' 부문 5위인 '트레카데코'가 좋은 예이다.

트레카데코는 좋아하는 캐릭터나 아이돌, 이른바 '오시(최애)'의 트레이딩 카드를 카드 케이스에 넣고, 스티커나 레진으로 장식하는 행위이다. 장식한 트레이딩 카드를 가지고 다니며 함께 사진을 찍거나, 식사하는 것이 오시카츠의 대표 사례이다. 원래 브로마이드나 인형, 아크릴 스탠드를 가지고 다니며 사진에 찍히게 하는 문화가 오타쿠들 사이에 성립되어 있었는데, 그중에서도 트레이딩 카드가 젊은 층에게 선택된 이유는 저비용으로 즐길 수 있다는 점인 듯하다.

이는 제작에 드는 비용뿐만 아니라, 오타쿠 활동에서 심리적인 비용에도 영향을 미친다. 트레카데코는 100엔숍에서 구할 수 있는 재료로 만들기 때문에, 간편하고 인기가 있다. 여러 대상에 대해 오타쿠 활동을 하는 젊은 층은, 각 콘텐츠마다 소비를 분산해야 하기 때문에, 각각의 오타쿠 활동에 드는 비용을 저렴하게 유지할 수 있는 이점이 있다.

지금은 ○○ 오타쿠, 지금은 △△ 오타쿠처럼, 오타쿠라는 성질이 그때그때 붙었다 뗄 수 있는 태그 역할을 하기 때문에, 그들의 취미·관심에 대한 투자는 모두 '오타쿠 활동'이다. 취미나 관심이 많아질수록, 오타쿠 활동에 드는 지출을 각각 분산해야 한다.

또한 전통적인 오타쿠들은 같은 콘텐츠를 오래 소비하는 경향이 있었지만, 현재의 젊은 층은 일시적인 붐이나 흥미에 대해서도 오타쿠라는 말을 사용하기 때문에, 새로운 관심 대상을 찾으면 갈아타고, 새롭게 오타쿠를 자칭하는 소비 행동을 반복한다.

이와 같은 소비문화를 가진 젊은 층에게는 언제까지 자신이 그 콘텐츠를 좋아할지 알 수 없는(자신이 없는) 상황에서, 하나의 콘텐츠에 금액을 집중적으로 지출하는 것이 리스크이다. 따라서 트레카데코는 가능한 한 저비용으로 자신의 최애에 대한 열정을 표현할 수 있는, 부담 없이 최애를 응원할 수 있는 도구이다.

유튜브에서 무료로 영상을 시청하거나, 돈을 들이지 않아도 스트리밍 서

비스로 오타쿠 활동을 할 수 있는 세상이기 때문에, 지금까지 돈을 들인 것들은 오히려 다른 상품이나 서비스로 갈아타려 할 때 스위칭(スイッチング) 비용을 심리적으로 높이는 요인이 되고, 관심의 유동성을 저해하는 장벽이 되어 버린다.

간단히 말해, 하나의 취미에 엄청난 돈을 투자하면, 다음 취미를 시작하고 싶어도 '이전 취미에 많은 투자를 했기 때문에, 이제 와서 새로운 취미를 시작하면 과거의 소비가 헛수고가 되어 버린다'는 부담감을 느끼는 것이다.

그래서 '오타쿠 상태가 되고 싶다'는 동기에서 오타쿠를 목표로 하거나, 정신적인 충족감보다는 귀속 욕구가 오타쿠로서의 동기 부여가 되는 경우, 가능한 한 수고를 줄이거나 즉시성을 추구하는 타이퍼형 소비를 하게 되기 쉽다.

필자도 SNS로 활동하는 오타쿠인데, 가끔 아래와 같은 글을 본다.

"이 계정에 로그인하는 거 정말 오랜만이네! 다른 분야의 오타쿠 활동에 충실해서 여기는 전혀 못 따라가고 있어요."

이 말은 빠져 있는 다른 취미가 있기 때문에, 이 취미는 열심히 소비하지 않고 있다는 선언인 셈이다. 또한 "이 커뮤니티의 다른 오타쿠에게 듣기 싫은 말을 들어서, 이 취미도 싫어졌다"라는 글도 자주 볼 수 있는데, 정신적으로 충족하기 위한 콘텐츠 소비를 다른 사람의 존재가 싫어서 본의 아니게 그만둔다는 것은 참으로 수동적이라고 할 수 있겠다.

SNS에서 계정을 여러 개 만들 수 있고, 각 계정을 취미별로 나누어 사용하는 경우가 일반적이기 때문에, 계정 전환을 가시화하는 일이 오히려 취미에 대한 이동의 손쉬움을 체감하게 하는 것 같다.

단명, 공유, 탈물질…… '리퀴드 소비'란 무엇인가

이러한 변덕스럽고 일시적인 소비자와 시장을 포착한 개념이 '리퀴드 소비'이다.[5]

사회학을 조금이라도 공부한 사람이라면 '리퀴드'라는 단어를 듣고 지그문트 바우만(Zygmunt Bauman)의 '리퀴드 모더니티(Liquid Modernity)'를 떠올릴 것이다. 리퀴드 모더니티란, 사회 전체가 안정적이고 지속적인 구조로 이루어진 고체(솔리드)와 같은 상태에서 특정한 형태 없이 모습을 자유롭게 바꾸는 액체(리퀴드)와 같은 상태로 변화하고 있음을 나타내며, '카니발화'(151쪽)는 이 리퀴드 모더니티를 원용한 개념이다. 바우만에 따르면, 현대 사회에서 '일관성을 유지하는 것'은 어렵다.

일본에서 '리퀴드 소비'의 일인자로 알려진 아오야마가쿠인 대학교(青山学院大学)의 구보타 유키히코(久保田進彦) 교수에 따르면, 전통적인 시장 관점에서는 소비자가 물건을 구매하고 소유하며, 이를 사용하거나 활용한다고 여겨져 왔다. 그러나 현재의 시장에서는 물건의 소유뿐만 아니라 물건, 정보, 서비스의 사용이나 활용을 통해 얻는 경험도 중요해졌다.

한때 주류였던 안정적 소비를 솔리드 소비(고체적 소비)라고 한다면, 오늘날 나타난 유동적 소비는 리퀴드 소비(액상화된 소비)라고 할 수 있다.

---

5 Fleura Bardhi and Giana M. Eckhardt, "Liquid Consumption", *Journal of Consumer Research* (2017), 44(3): 582~597.

① 그때그때, 혹은 상황마다 가치관이 계속 바뀌기 때문에 제품이나 서비스의 가치가 덧없고 수명이 짧은 '단명성'

② 소유에 집착하지 않고, 대여나 공유를 통해 가치에 접근할 수 있으면 충분하다고 여기는 '액세스 베이스'

③ 동일한 소비 생활을 위해 물질에 의존하지 않는 '탈물질'

구보타에 따르면 이 세 가지 특징의 조합이 리퀴드 소비로 정의된다.[6]

구보타는 시간을 아끼고 싶어 하는 사람을 '시간이 없어서 시간을 소중히 여기고 싶은 사람(시간 단축형)'과 '기다리고 싶지 않고, 지금 당장 즐기고 싶은 사람(버라이어티형)'으로 분류한다. 그리고 제품이나 서비스가 '유용한 것'에 가치를 두고, 도구로서의 가치를 중시하는 버라이어티형이 타이퍼 지향과 친화성이 있다고 본다.

시간 단축에 관해서는, 오히려 소유함으로써 물건의 사용가치에서 수고를 덜어 주는 측면이 강해서 리퀴드 소비의 특징을 가지기 어렵기 때문에, 구보타가 같은 타이퍼라도 '버라이어티형'이 시간 단축 외에 친화성이 있다고 말한 점에 동의할 수 있다.

한편 구보타는 '시간 단축형'을 시간에 쫓기는 층으로, '버라이어티형'을 시간에 쫓기지 않고 자신의 시간을 최대한 즐기고 싶은 층으로 분류한다. 타이퍼 추구는, 전자에게는 소비를 통해 시간을 만드는 것이 목적이고, 후

---

6 마지마 가요(真島加代), "Z세대는 왜 시간이 있는데도 시간 단축을 원하는가? '타이퍼 소비'의 실태", 다이아몬드 온라인, 2022년 12월 4일
https://diamond.jp/articles/-/313255

자에게는 제한된 시간 내에 소비할 수 있는 시간을 어떻게 배분해야 만족감이 높아질지 고민하는 데 목적이 있음을 알 수 있다. '시간을 만드는 것', '시간에서 얻는 만족도를 높이는 것'처럼, 타이퍼의 목적을 '절약된 시간으로서 창출되는 것'에 따라 분류하고 있다.

소비되는 것은 대체 가능한 '수단'에 불과하다

한편 필자는 '시간을 만드는 것'과 '외부 자극으로 인해 생긴 필요성은 있지만 주체성이 결여된 소비 욕구에서, 필요성을 충족하는 소비 결과에 어떻게 수고를 덜 들일 수 있는가'가 타이퍼의 목적이라고 생각한다. 즉, 어디까지나 시간의 효율화와 어떻게 수고를 덜 들여 특정 상태가 될 수 있는지가 타이퍼 논의의 쟁점이라고 보는 것이다.

또한 '버라이어티형'의 목적은 제한된 시간을 어떻게 즐길 것인가라는 긍정적인 관점에서 이야기되며, 배속 시청한 영화나 후렴구만 들은 음악도 시간을 즐기는 요소(수단)로서 간주된다. 구보타가 말하는 만족감이 소비한 사실이 아니라 감상함으로써 얻을 수 있는 감동이라면, 타이퍼를 추구함으로써 소비된 콘텐츠에서도 '즐거움'이나 '기쁨'과 같은 사용가치(감상)의 효용이 기대된다고 할 수 있다.

그러나 '수고를 덜 들이고 ○○한 상태가 되는' 타이퍼의 측면에서 보면, 타이퍼 추구에 의해 소비되는 것은 어디까지나 수단이다. 수단을 고려하지 않고 영화를 본 상태가 되는 것이 목적이라면, 이를 위한 수단으로는 직접 감상하지 않더라도 줄거리만 알아 간다는 식의 '감상 = 소비조차 하지 않는 수단'의 관점도 존재하고, 여기서 얻는 줄거리라는 정보는 다른 사람이 제공하는 스포일러라는 2차 정보가 원천이다.

따라서 그 영화를 안다는 상태가 되는 데에는 영화의 사용가치에서 오는 효용은 전혀 기대되지 않는다는 점을 알 수 있다. 몰아보기 영화나 배속 시청을 하는 경우에도 영화 자체를 감상하려는 것이 아니기 때문에 영화의 사용가치를 얻을래야 얻을 수 없다고 하는 편이 더 정확할지 모른다.

이처럼 타이퍼를 추구함으로써 소비되는 것은 수단이기 때문에 대체 가능한 성질을 가지고 있다고 본다. 거칠게 소비되는 여러 콘텐츠나, 스포일러 사이트를 단순히 읽기만 해서 그 콘텐츠를 소화하는 소비 행동을 고려하면, 소비된 것의 사용가치가 대충 여겨지는 부정적인 측면에 초점을 맞추는 것도 타이퍼 논의에서 간과할 수 없는 점이다.

바우만이 제시한 '현대 사회에서 일관성을 유지하기란 어렵다'라는 견해는 현대 소비사회에서 틀림없는 특징 중 하나이며, 관심의 유동성에 큰 영향을 미치고 있다.

정보가 넘치고, 소비하고 싶어 하는 관심 대상도 대체로 증가하고 있기 때문에 소비에 대한 끝없는 탐구심은 관심의 일관성보다는 유동성을 추구하며, 타이퍼 지향(수고를 덜 들이고 ○○한 상태가 되는)의 소비는 한 관심에서 또 다른 관심으로의 전환에 대한 심리적 비용 절감이나 새롭게 생긴 관심에 대한 열정의 유지로 이어진다.

칼럼

스포츠는 타이퍼가 나쁘다?

　'젊은이들의 스포츠 이탈'이라는 말을 자주 듣게 되었다.

　특히 축구는 90분 동안 순간순간이 만들어 내는 스토리를 소비하며 즐기는 것이 보통이었지만, 최근에는 경기 내용보다 군중의 열광에서 고양감을 얻는 젊은이들이 늘어나고 있으며, 축구 경기를 관람하는 행위가 '커뮤니케이션 도구'로서 주목 받고 있다.

　일본 대표 팀 경기 후에 시부야 스크램블 교차로에 사람들이 모여 승리를 축하하는 '그 장면'은 이제 너무나 잘 알려진 클리셰가 되었다. 실제 축구 팬인지, 단지 신나고 싶어서인지 알 수 없는 젊은이들이 "일본 최고~!"라고 TV 와이드 쇼나 뉴스에서 떠드는 모습을 보는 것까지가 일본 대표 팀 경기(보도)의 패키지라고 할 수 있다.

　그 안에 열성적인 팬이 없다고는 할 수 없지만, 돈키호테나 아마존에서 산 듯 보이는, 딱 그 순간만 입는 일본 대표 팀 스타일의 티셔츠를 입고 인터뷰 현장에서 V 자를 그리는 사람들이, 일본 대표 팀 경기든 핼러윈이든 상관없이 그냥 군중과 함께 열광할 구실이 필요한 것처럼 보인다면 필자의 눈에만 그런 걸까?

사회학자 스즈키 겐스케(鈴木謙介)는 월드컵이나 올림픽의 열기를 '일상생활 속에 갑자기 찾아오는, 역사도 본질적인 이유도 결여된, 일종의 과도한 축제'라고 표현하고, 이를 '카니발화'라고 명명한다.[7] 현대 사회는 공동체나 전통이나 조직과 같은 확고한 기반이 상실되었기 때문에 유동적이며, 한편 사람들은 항상 귀속감을 얻을 원천을 찾고 있다.

그리고 이제 우리는 확고한 커뮤니티에 자신을 귀속시키지 않아도, '연결될 수 있는 수단'으로 생겨나는 공동성에 의해 귀속감이나 동료의식을 충족할 수 있게 되었다. 퍼블릭 뷰잉(Public Viewing, 공공장소나 경기장 등에 대형 스크린을 설치해서 다수의 인원이 스포츠 시합 등을 보는 것 ─ 옮긴이 주)이나 스포츠 펍에서 이루어지는 다른 손님들과의 교류는 '축구'를 계기로 한 순간적인 열광에 의해 사람들이 집단에 귀속되는 감정의 원천이 된다. 이 순간적인 열광이 '카니발화'이며, 바로 '그 날', '그 장소', '그 시간'에서만 체험할 수 있는 '토키 소비'(토키는 '순간, 그 시간'을 뜻한다. 바로 이 순간, 이 시점에만 맛볼 수 있는 경험에 초점을 맞춘 소비를 의미한다. ─옮긴이 주)라고 할 수 있다.

단, 이러한 '카니발화'를 즐기는 이들은 90분 경기 전체를 보지 않아도, 경기 후에 수없이 반복되는 하이라이트 장면을 보는 것만으로도 열광하는 데 필요한 이야깃거리('축구를 본 상태')가 충족되며, TV 앞에 붙어 시합 전체를 보는 것은 타이퍼가 나쁘다고 할 수 있다.

---

7   스즈키 겐스케, 『카니발화하는 사회(カーニヴァル化する社会)』(고단샤현대신서, 2005).

경기 전체를 본 많은 사람들이 가지고 있는, 누가 누구에게 패스를 하고, 누구의 드리블이 좋았는지와 같은 감상은, 관람 그 순간에는 마음을 움직일지 모르지만, 결국 뇌리에 새겨지는 것은 결정적인 장면＝하이라이트로 방송되는 장면이다. 핵심 팬을 제외하면, 경기를 모두 보든 하이라이트만 보든 입에 담는 장면은 똑같다.

물론 전체 경기를 보면서 얻는 흥분이나 감동, 현지에서 느끼는 열기와 일체감과 같은 토키 소비를 부정하는 것은 아니다. 어디까지나 커뮤니케이션 도구로서 정보량에 대한 이야기를 하고 있다는 점에 주의해야 한다.

그렇다면 야구는 어떨까? 며칠 전 필자는 어떤 신문 인터뷰에서 "축구보다 야구가 타이퍼가 좋죠?"라는 취지의 질문을 받았다. 그 기자는 플레이의 하이라이트를 알아보기 쉽다는 특성상 축구에 비해 야구가 멀티태스킹이 가능하므로, "타이퍼가 좋은 게 아닐까"라고 말했다. 확실히 축구를 잘 모르는 사람이 본다면 축구 경기는 경기의 움직임이 단조롭다고 느낄 수 있고, 재미있는 건 골이 들어가는 순간일 뿐이지도 모른다.

한편 야구는 공격과 수비가 명확히 나눠져 있어, 공격할 때는 '타격을 응원하고', 수비할 때는 '타격을 막기 위해 응원하는' 식으로 응원하는 쪽도 자신이 무엇을 해야 하는지 명확하다는 점이 메리트일지 모른다. 또한 야구는 팀 경기라고 해도, 투수와 타자의 일대일 싸움으로서의 측면이 강하다. 타순이 정해져 있어서, 원하는 선수의 활약 타이밍을 알 수 있기 때문에, 예를 들어 오타니 쇼헤이(大谷翔平)의 타석만 보고 싶다면, 멀티태스킹을 하면서도 언제쯤 오타니가 타석에 설지 알 수 있다. 오타니의 타순이 돌아오면 작업을 멈추고 그 타석에만 집중할 수 있다.

이러한 측면에서 보면 야구는 타이퍼가 좋다고 말할 수 있을지 모르지만, 그렇다고 할 수 없는 측면도 있다. 그것은 플레이 시간이다. 축구는 전반과 후반을 합쳐 90분, 그 안에 결판이 나지 않으면 연장전과 승부차기로 승자를 결정하지만, 야구는 모든 경기가 끝나는 데 얼마나 시간이 걸릴지 알 수 없다.

특히 젊은이들은 콘텐츠를 소비하는 데 걸리는 시간을 신경 쓰는 경향이 있어서, 영화든 유튜브 동영상이든 몇 분 만에 볼 수 있는지를 미리 아는 것이 스트레스 감소로 이어지는 듯하다. 그래서 그들에게는 콘텐츠의 재미뿐만 아니라, 몇 분 만에 끝나는지도 소비를 결정하는 판단 재료가 된다.

경기가 언제 끝날지 모른다는 것은 경기 시청 후 자신의 스케줄에 적잖은 영향을 미친다. 프로그램 표에 22시 경기 종료 예정이라고 적혀 있어서, 22시에 목욕을 하겠다고 계획을 세웠는데, 경기는 23시가 넘어서 끝나는 바람에 잠자는 시각이 늦어지는 경험을 여러 번 겪었을 것이다.

어쨌든, 축구나 야구나, 틱톡이나 트위터와 같은 SNS에 하이라이트 영상이 확산되는 현상은 일반적이 되었다. 게시물의 댓글을 보면, 하이라이트 장면의 포인트나 그 영상과 관련된 과거 영상, 활약한 선수의 뒷이야기 등이 팬들에 의해 해설되어 있어서, 일련의 게시물만 봐도 전체 경기를 알게 된 기분이 들고, 충분한 정보를 얻을 수 있다.

또한 SNS 타임라인에서 친구들이 열광하는 때를 틈타 채널을 맞추면, 친절하게도 그 장면이 재생되고 있다. TV 앞에 계속 붙어 있지 않아도, 얻을 수 있는 커뮤니케이션의 질은 같다고 느낄 수 있다.

스포츠 관전 자체의 타이퍼가 나쁘다기보다는, 경기의 하이라이트나 다른 관중들이 무엇에 열광했는가 하는 포인트가 리트윗 수, '좋아요' 수, 재생 횟수, 댓글 수 등의 형태로 계량화되기 때문에 이용하기 쉬워지고, 코스트를 들이지 않고서도 '본 상태가 될 수 있는' 시장 환경이, 상대적으로 스포츠를 실제 관전하는 행위의 타이퍼가 나쁜 것이 되게 만들어 버렸다.

5장

타이퍼 추구의 끝

필요 불가결한 소비

좋아하는 물건이나 일에 대한 소비는 결코 '필요 불가결'하지 않다. 그러나 현대 소비사회를 살아가는 많은 소비자들이 열정을 가지고 그 '필요 불가결하지 않은 물건'을 소비하고 있다. 그 소비는 일상에 뿌리를 내리고, 큰 의미를 지니고 있다.

1장에서 언급했듯이, 애초에 소비란 욕구를 충족하기 위해 재화·서비스(상품), 공간, 시간 등을 소모하는 것이다. 소비는 살아가는 데 필요 불가결한 행위이며, 인류가 탄생한 이후 소비의 반복에 의해 역사는 만들어져 왔다. 옷을 입고, 음식을 먹고, 주거에 몸을 두는 '의·식·주'라는 단순한 행위는 누구에게나 살아가기 위한 목적으로서의 수단이며, 소비는 곧 삶 그 자체이다. 루틴으로서의 소비가 이루어지던 시대에는 일부 유한계급자를 제외하면 소비는 화려한 행위가 아니었는데, 이는 다시 말해 그들이 소비하던 물건이 살아가는 데 있어 필요 불가결했다는 의미이다.

사회학자 마마다 다카오(間々田孝夫)는 저서 『21세기의 소비: 무모, 절망, 그리고 희망(21世紀の消費: 無謀, 絶望, そして希望)』에서 사람들이 소비를 통해 실현할 수 있는 가치를 생리적 가치, 도구적 가치, 기능적 가치, 관계적 가치, 정신적 가치, 문화적 가치의 여섯 가지로 분류하고 있다. 생리적 가치는 생존 조건을 충족시키는 '필요 불가결'한 소비를 의미한다. 앞서 언급한 입고, 먹고, 거주하는 등 살아가는 데 필요한 소비가 여기에 해당한다.

1장에서 기록한 매슬로의 '욕구 5단계설' 중 가장 낮은 단계의 '생리적 욕구'는 최소한 생명을 유지하고자 하는 욕구와 연결된다. 생리적 가치는 생리적 욕구를 충족시키기 위한 소비이며, 최소한의 생명 유지를 위해 '필요 불가결한 소비'라고 할 수 있다.

타이퍼의 '합리성'을 실현시키기 위한 것

또한 '필요 불가결하지 않았던 물건'이 시대의 흐름을 거쳐 '필요 불가결한 물건'으로 인식되는 경우도 흔하다.

우리의 거주 공간을 둘러보자. 손으로 세탁물을 빨래하는 노동은 기계 세탁으로 대체되었다. 일본 최초의 세탁기는 1930년(쇼와 5년)에 시바우라 제작소(현재 도시바)가 미국의 기술을 도입하여 제조·판매한 '솔라 A형'이라고 한다. 당시에 세탁기는 주부들의 동경의 대상이었던 일종의 사치품이었지만 총무성의 "헤이세이 26년 전국 소비 실태 조사"(2014년)에 따르면, 가구 보급률이 100% 가까운 수준에 도달해, 현재는 1가구에 1대가 당연해졌다. 약 80년 만에 사치품이 생활필수품이 되었고, 라이프스타일에서 '필요 불가결한 물건'이 되었다.

세탁기·흑백 TV·냉장고는 '삼종신기', 컬러 TV·에어컨·자동차는 '3C'라고 불리며 생활의 기반이 되었다. 이러한 가전제품 외에도, 자취생에게 전자레인지는 필요 불가결하고, 꽃가루 알레르기가 심한 소비자에게는 플라즈마 클러스터가 필요 불가결할 것이며, 스마트폰이나 컴퓨터가 없는 생활도 상상할 수 없다.

일상생활에서 노동을 경감시키거나, 쾌적한 생활을 목적으로 한 혁신의 대부분은 시장(기업)이 소비자의 잠재적 욕구를 해소하기 위한 솔루션을 구현한 것이다. 이러한 기업 노력으로 인해 만들어지는 상품은 생활에도 혁신을 일으키고, 노동의 효율화를 촉진한다.

이러한 혁신을 누리게 된 것은 당시 그 단어가 없었을 뿐이지 결국 소비자가 타이퍼를 추구한 결과라고 할 수 있다.

반복되지만, 그 단어가 존재하지 않았을 뿐, 생활을 효율화·합리화하고, 시간을 만들어 내거나, 수고를 덜어 주는 것을 목적으로 한 타이퍼 시장은 예전부터 존재해 왔다. 대중적인 욕구(모두가 귀찮다고 생각하는 것)가 혁신적인 아이디어나 상품에 의해 해소된 현대 소비사회에서는, 시간을 단축하여 합리화하려는 시장의 작용이 대중의 욕구에 따라 더욱 세분화되고 있다.

효율화를 추구하는 대부분의 시장은 타이퍼 시장과 표리일체로 밀접하게 연관되어 있으며, 소비자가 일상에서 느끼는 작은 불편함이나 번거로움을 어떻게 해소할 것인가에 대한 기업의 노력은 결과적으로 소비자의 타이퍼를 향상시킨다. 그에 따라 소비자에게 '가려운 곳을 긁어 주는' 수준을 넘어, "어? 그건 좀 과한데", "그런 것까지 다른 소비자들이 번거로워하나?"라는 의문을 품게 하는 상품이 등장한 것도 사실이다.

예를 들어, 많은 소비자가 '돌돌이'(일본명: 코로코로)라고 부르는 점착 청소기는 빗자루질, 걸레질의 수고를 덜고, 간편하게 청소할 수 있어 인기가 많다. 그것 자체가 편리하고, 생활의 효율을 높여 주는 데서 더 나아가, 지금은 어디서 점착 시트를 끊었는지 알 수 없거나, 시트가 잘 떨어지지 않는 문제를 해결하기 위해 나선형 테이프 형태로 만들거나, 절취선을 붙이거나, 끝 부분에 비닐 테이프를 넣어 깔끔하게 잘리도록 한 제품까지 존재한다.

이러한 마이너 혁신은 의식적이지 않지만, 쉽게 떼어낼 수 있는 장점과 동시에 떼기 어렵고 시간이 걸리는 문제를 해결해 주며, 결과적으로 타이퍼 향상으로 이어진다. 세탁 네트 중에는 양면으로 사용할 수 있는 것도 있다. 지퍼가 양면 대응이기 때문에 소비자는 겉과 속을 확인하지 않고도 옷을 그 안에 넣고 닫을 수 있다. 물론 편리하지만, 우리가 정말 주머니의 앞뒤를 확인할 시간이 아까울 정도로 시간에 쫓기고 있을까?

어쨌든, 이 책에서 언급한 타이퍼의 정의에서 '합리성' 측면은 기업이 소비자의 요구와 니즈를 이해하고, 상품을 개발하여 시장에 내놓는 '마켓인(Market-in)'을 통해 실현되고 있으며, '아무리 그래도 너무 기능이 과하지 않은가' 싶은 상품이나 서비스가 있는 것도 사실이다. 하지만 시간과 업무에 쫓기는 소비자들의 생활에 조금이라도 여유가 생긴다면, 그것을 기업은 판매하고 소비자는 구매하여 타이퍼를 추구하는 것이 합리적이라고 할 수 있을 것이다.

소비의 중심이 된 '필요 불가결하지 않은 소비'

현대 사회에서 단순히 영양을 보충하는 목적은 이미 달성되었다. 이제는 단순히 칼로리를 섭취하는 것이 아니라, 식사에서 얻는 기쁨이나 맛있다고 느끼는 감정, 좋아하는 음식에서 얻는 행복감 등 정신적으로 충족되어 인간다운 건강한 생활을 영위하는 것도 생리적 가치에 포함된다.

세계보건기구(WHO)는 건강을 단순히 부상이나 질병이 없는 상태뿐만 아니라 정신적으로도, 사회적으로도 만족스러운 상태라고 정의하고 있다. 생리적 가치를 건강 유지라고 본다면, 생리적 욕구의 충족뿐만 아니라 '필수적이지 않은 소비'를 통해 인간다운 생활로 이어지는 것도 포함된다.

소비를 통해 쾌락을 추구하는 가치에 무게가 실리고, 소비가 사회에서 중요한 관심사인 대중 소비사회에서는, 적어도 일본에서 일부를 제외하고, 생리적 욕구를 충족시키기 위한 '필요 불가결한 소비'를 실현하고 있다.

자신이 좋아하는 음식을 배불리 먹고, 추위와 더위를 피하기 위한 사용가치보다 디자인이나 브랜드를 중시한 옷을 선택하고, 목이 마르지 않아도 스타벅스에서 신제품 프라푸치노를 즐긴다. 우리의 소비에서 중요한 관심사는 이제 생명 유지가 아닌 '필수적이지 않은' 측면이다.

필자는 우리가 추구하는 '필수적이지 않은 소비'에 두 가지 측면이 있다고 생각한다. 하나씩 자세히 논해 보고자 한다.

'필수적이지 않은 소비'의 첫 번째는 '외부 자극을 받아 필요에 의해 이루어지는 소비'이다. 세계보건기구의 정의에서도 알 수 있듯이, 사회적으로 만족스러운 상태도 건강을 유지하는 요건이다. 사회적으로 완전히 양호한 상태란 주로 대인 관계에서나 사회와의 접점에서도 만족스러운 상태를 말하며, 건강은 사람들과 좋은 관계를 맺고, 세상에 뒤처져 있다는 느낌을 갖지 않음으로써 성립된다.

소비는 사회적으로 만족스러운 상태를 추구하는 수단이다. 이 책에서 언급한 커뮤니티의 협조나 연결 의식을 위해 소비되는 콘텐츠가 바로 그 좋은 예이다. 커뮤니케이션은 대부분 콘텐츠를 기반(매개체)으로 이루어진다. 따라서 자신이 흥미가 없더라도 다른 사람과 좋은 관계를 맺기 위해 콘텐츠를 마치 작업처럼 소비할 필요가 있다.

　사회학자 마마다에 따르면, 타인은 나와 연결되고 교류하며, 기쁨과 즐거움을 가져다주는 존재로서 소비자와 관계를 맺고 있으며, 이를 '연결 소비'라고 부른다.

소비로 실현할 수 있는 여섯 가지 가치

　앞서 언급한 것처럼, 마마다 교수는 소비를 통해 실현할 수 있는 가치를 생리적 가치, 도구적 가치, 기능적 가치, 관계적 가치, 정신적 가치, 문화적 가치의 여섯 가지로 분류하고 있다. 앞서 설명한 생리적 가치를 제외한 나머지 다섯 가지 가치에 대해 간단히 설명해 보려고 한다.

① 도구적 가치: 소비재(물질)가 인간의 신체적 기능을 대신하거나 보완하여 목적을 달성할 수 있는 가치. 소비의 풍요로움은 도구적 가치를 통해 달성되는 다양한 기계나 도구를 소유하는 데 있으며, 소비재를 통해 신체적 피로의 경감, 노동시간의 절감, 비용 절감 등이 달성된다.

② 기능적 가치: 도구가 아닌 서비스를 통해 노력이나 수고를 덜어 주는 수단으로서의 가치. 청소 서비스, 세탁, 경비, 이사 서비스 등이 여기에 포함된다. 도구적 가치든 기능적 가치든, 어떤 소비재나 서비스, 혹은 소비 행위가 소비자의 목적 달성에 '명확한' 수단적 역할을 하는 가치를 의미한다. 이 책의 주제인 타이퍼에 의한 합리성이나 노력을 줄

이려는 추구는 이러한 도구적 가치나 기능적 가치의 추구를 근간으로
한다.
③ 관계적 가치: 소비재나 소비한 서비스(경험)가 발신하는 메시지가 인
간관계에 영향을 미치는 가치. 여기서 말하는 관계성은 다른 사람에
대한 동조 의식이나 비동조 의식을 가리킨다. 우리는 소비재(서비스)
를 통해 모두가 같은 소비 행동을 하거나, 주위에서 벗어나지 않기 위
해 소비로 보조를 맞추려고 한다. 반면 다른 사람과 겹치지 않기 위
해, 다른 사람보다 두드러지기 위해 차별화를 목적으로 소비한다.

관계적 가치가 표출하는 메시지라고 하면 다소 막연하게 들릴 수 있지
만, 주변에는 이 메시지가 주로 기호로 가득 차 있다. 예를 들어, 미국의 경
제학자 소스타인 베블런(Thorstein Veblen)이 저서 『유한계급론(The Theory
of the Leisure Class)』에서 언급한 '현시적 소비(남에게 과시하기 위한 소비)'는
일반적으로 정착된 용어이다. 브랜드 제품이나 고급 시계를 자랑하고, 자
신의 부유함을 표출하는 행위는, 브랜드라는 기호를 통해 다른 사람에게 메
시지를 보내는 것이다.
또한 사장답게 보이는 자동차, 고급 레스토랑, 셀럽이 애용하는 미용실
등 특정 소비 행위를 통해 자신의 속성을 발신하는 경우도 있다. 관계적 가
치를 추구하여 자신의 지위를 나타내거나, 귀속 욕구를 충족시키려는 소비
는, 사회적 충족 상태를 추구하는 수단 가운데 하나라고 할 수 있을 것이다.

④ 정신적 가치: 소비를 통해 정신적 만족이 이루어지는 가치

⑤ 문화적 가치: 정신적 가치에서, 예를 들어 도박이나 대마초 같은 사회
   적으로 바람직하지 않은 것을 제외한 가치. 현대 소비사회에서 대부
   분의 소비 대상에 문화적 가치는 존재한다.

문화적 가치가 가져다주는 정신 상태로는 기쁨, 즐거움, 흥분, 놀라움,
감동, 일상 탈출감, 향수, 해방감 등이 포함된다. 이러한 정신 상태를 충족
시키는 콘텐츠에는 서적, 잡지, 영화, 만화, 음악, 놀이공원, 게임 센터 등이
해당되며, 우리는 이러한 문화적 가치를 소비함으로써 오락성을 찾는다.

생리적 가치를 포함한 이 여섯 가지 가치는 소비 그 자체로 인해 가치가
발견된다. 생리적 가치는 소비됨으로써 생존을 유지하고, 기능적 가치는
소비됨으로써 인간의 능력을 대체한다. 인간관계에 초점을 맞춘 관계적 가
치에서도 소비의 목적은 다른 사람과의 동조나 차이, 우열과 같은 계층을
나타내는 데 있으며, 소비 그 자체가 실현과 연결된다.

한편 문화적 가치와 정신적 가치도 소비를 통해 어떤 정신적 충족을 추
구한다는 점에서 일치한다.

잡담을 위해 주문된 드링크바

마마타는 이 여섯 가지로 분류되지 않는 소비의 존재도 인정한다. 그중
하나가 '연결 소비'를 비롯한 '교류적 가치'이다.

영화 한 편을 봐도 혼자 보는 것보다 누군가와 함께 보면, 영화 그 자체

로 얻는 현장감이나 즐거움 같은 쾌락과 더불어 감상을 공유하는 즐거움도 창조된다. 혼자가 아닌 타인과 나눔으로써 즐거움이 증대되기 때문에, 문화적 가치는 교류적 가치와 함께 추구되는 경우가 많다.

교류적 가치는 소비를 매개로 타인과 연결되고, 교류함으로써 기쁨과 즐거움을 추구하는 것이다. 문화적 가치는 소비자 혼자서도 창출해 낼 수 있지만, 교류적 가치는 타인과 연결되지 않으면 성립하지 않는다.

간단히 말해, 문화적 가치는 사람과의 교류가 서툰 사람이나 개인적으로 취미에 몰두하는 사람도 실현할 수 있지만, 교류적 가치는 누군가가 서로 있어야만 성립된다. 즉, 집에서 수다를 떠는 행위만으로도 최소한의 교류적 가치를 실현할 수 있기 때문에, 반드시 돈을 지출하지 않아도 실현할 수 있는 성질을 가지고 있다.

또한 문화적 가치와 교류적 가치는 동시에 실현되기도 하지만, 대개 어느 한쪽의 가치가 주된 목적으로서 소비된다.

예를 들어, 독자 중에도 배가 고파서 외식을 하려고 했는데 혼자 가면 심심하니까 누군가를 초대한 경험을 가진 사람이 있을 것이다. 이 소비 행위를 문화적 가치의 측면에서 보면, 음식과 서비스라는 문화적 가치를 실현하기 위해 (혼자서도 갈 수 있는) 패밀리 레스토랑에 친구와 함께 가는 것으로, 대화를 나눈다는 교류적 가치가 창조되었다.

어디까지나 문화적 가치의 실현이 목적이었고, 교류적 가치는 부수적으로 실현되었다. 쉽게 말해, 식사하는 김에 대화가 생긴 것이다.

반면 친구에게 불평을 들어 달라고 패밀리 레스토랑에 불러내거나, 친구와 쇼핑 중에 쉬려고 패밀리 레스토랑에 들어가 일단 드링크바(일본의 점포들은 드링크바 코너를 마련해 둔 곳이 많은데, 1인당 150~300엔 정도를 내면 얼마든지 마실 수 있는 시스템 – 옮긴이 주)를 주문한 경험이 있는 사람은 필자만이 아닐 것이다.

이 소비 행위를 교류적 가치의 측면에서 보면, 대화를 나눈다는 교류적 가치를 실현하기 위해 패밀리 레스토랑에 모여 일단 드링크바를 주문한(문화적 가치를 소비한) 것이다. 교류적 가치를 실현하기 위해 문화적 가치가 부수적으로 소비한 것이다. 쉽게 말해, 대화하기 위해 드링크바를 주문한 것이다.

이때 교류적 가치에서 소비는 어떤 의미일까? 각 행동의 의미를 하나씩 분석해 보자.

① 패밀리 레스토랑에서 대화하려면 드링크바를 주문해야 한다(무언가 주문하지 않으면 머물 수 없다).

② 대화라는 행위 자체에 드링크바는 꼭 필요하지 않다(대화하기 위해, '대화라는 행위에 필요하지 않은 드링크바'의 소비가 발생한다).

③ 대화라는 최소한의 교류적 가치는 어디서든 달성할 수 있는데, 교류적 가치를 실현하는 데 '필수적이지 않은' 드링크바라는 소비가 발생하고 있다(집에서도 교류적 가치는 실현할 수 있다).

④ 사실 어디서든 대화할 수 있음에도 불구하고, 일부러 비용이 드는 패밀리 레스토랑을 선택했기 때문에 '필수적이지 않은' 드링크바를 주문할 필요성이 생겼다.

⑤ 이 드링크바의 주문은 대화한다는 목적을 필수적이지 않은 방법으로 달성했기 때문에 생긴 소비이다.

달리 말하자면, 교류적 가치에서 소비는 소비를 동반하지 않아도 최소한의 가치는 충족된다는 전제를 인식한 상태에서, 보다 높은 가치를 기대하며 발생한 것에 불과하다.

여기서는 본질을 이해시키기 위해 일부러 극단적인 예를 들었지만, 교류적 가치도 정신적 충족을 촉진하는 중요한 소비이며, '필수적이지 않은 소비'라고 생각하지 않는다.

주체성은 없지만 도움이 된다

교류적 가치를 추구하기 위해 주문한 드링크바의 예를 떠올리면서, 커뮤니티의 협조나 연결 의식을 추구하기 위해 소비하는 콘텐츠에 대해 다시 생각해 보자.

현대 소비자의 거의 대부분이 현실 세계나 온라인에서나 관계없이 콘텐츠 소비가 전제가 된 커뮤니케이션을 경험한다. 패스트 영화 등을 포함해 타이퍼를 중시하는 콘텐츠 소비에서는 자신이 관심이 없더라도 커뮤니케이션 도구의 기능이 기대되는 경우가 많으며, 이러한 소비의 목적은 정신적 충족이나 문화적 가치에 의한 오락성 추구가 아니라, '교류적 가치'의 추구에 있다.

이로부터 알 수 있는 것은, 교류적 가치를 목적으로 한 드링크바나 영화 모두 그 사용가치로부터 얻을 수 있는 효용을 기대하는 것이 아니라, 그 소비를 계기로 사람들과 좋은 관계를 맺고자 하는 욕망이 있다는 점이다. 이는 정신적 충족에 기인하는 것이 아니라 '외부 자극을 받아 필요에 의해 행해진 소비'이다.

그 소비가 정신적 충족으로 이어진다면 주체적으로 행하겠지만, 타인과 교류하기 위해서라면, 소비함으로써 발생하는 부차적인 효용이 기대되기 때문에, 얼마나 수고를 덜 수 있는지, 얼마나 비용을 줄일 수 있는지와 같은 타이퍼나 코스퍼를 추구하는 것이다.

이런 소비에서는 작가 레지가 말하는 '패스트 교양'이나, 필자가 말하는 '패스트한 경험'이 요구되며, 주체성은 없지만 '도움이 되는' 편이 기대된다.

또한 사회적으로 충족된다는 감각은, 세상에 뒤처지지 않았다고 실감하는 데에서도 충족된다. 그 대상에 관심이 없더라도, 그 상품이 세간의 화제가 되거나 '유행하고 있다'는 사실이 잠재적으로 그 대상에 관심을 갖게 하는 계기가 될 수 있다. 이는 그 상품이나 서비스가 사회적으로 널리 소비되거나 유행의 대상이라는 맥락이 사회적으로 성립함으로써, 그 대상(세상의 관심사)을 소비하는 것이 세상과의 접점을 제공하기 때문이다.

그래서 유행에 뒤처지는 것을 두려워하거나 유행을 좇는 것이 사람들의 관심사가 된다. 유행의 소비는 외부 자극에 의해 생기는 소비 욕구이며, 소비자는 그 상품에서 얻을 수 있는 사용가치가 아니라, 유행을 놓치지 않고 세상과 접점을 만들거나 유행을 소비함으로써 생기는 교류적 가치를 기대한다.

한편 유행이나 인터넷 밈의 변화는 빠르고, 또 SNS에는 재현 가능성이 높은 소비가 넘쳐 나기 때문에 굳이 직접 소비할 필요가 있는지를 탐구하며, 다른 사람의 게시물에서 '해 본 것처럼' 느끼거나, 최대한 돈을 들이지 않고 유행에 참여하려 코스퍼를 추구하기도 한다.

앞 장에서 히카킨이 프로듀스한 '미소킨'을 예로 들었지만, 유행을 놓치지 않기 위해 일부러 높은 가격에 전매된 물건을 구매하고 타이퍼를 추구하는 사람도 있다. 어디까지나 목적은 세상과 접점을 만드는 데 있고, 또한 사람들의 관심이나 흥미도 유동적이고 즉시적으로 소비되기 때문에, 유행에 대한 소비는 그 소비 하나하나에서 얻을 수 있는 효용보다는 '소비했다는 상태'를 추구한다.

더욱 건강하고, 더욱 희귀하고, 더욱 세련된 것을

'필수적이지 않은 소비'의 두 번째는 '소비한 사용가치를 통해 정신적 충족을 이루는 소비'이다. 세계보건기구의 건강 정의에서도 정신적으로 충족된 상태를 건강의 요건으로 삼고 있다.

우리는 소비를 통해 정신적 충족을 실현하려고 한다. 오타쿠(마니아)는 그 좋은 예이다. 좋아하는 것을 소비하는 일이 자신에게 큰 관심사가 되고, 그것이 편안함과 안락함을 만들어 정신적 만족과 행복감을 만들어 낸다. 다시 말해, 소비한 사용가치가 정신적 충족으로 직접 이어지는 것이다.

오타쿠와 같은 콘텐츠 소비에 국한되지 않고, 음식 하나만 봐도 살기 위해 먹는다는 목적은 사회 전체에서 달성되었다. 그 위에 더 건강한 것을, 더 희귀한 것을, 더 세련된 것을 먹는다는─부수적인 '어떤 것'에 의해 욕구가 충족되었고, 먹는 것을 좋아하는 사람에게는 먹는 것이 정신적 충족이 되기도 한다.

또한 앞서 언급한 '교류적 가치'처럼, 사람과의 연결이 정신적 충족으로 이어지는 소비도 존재한다. 예를 들어, 소중한 사람과의 식사나 외출은 그 사람과 함께 보내는 시간 자체가 정신적 충족으로 이어진다. 열심히 노력해서 합격한 대학의 졸업식에는 감회가 깊을 것이고, 꿈꾸던 결혼식에는 자신이 하고 싶었던 것을 모두 담고 싶을 것이다.

자신에게 중요한 삶의 이벤트나 인생의 전환점에서 사람은 무언가를 성취하거나, 애착이나 사랑 같은 자신만의 가치를 발견한다. 이에 따른 지출이나 계획에 들이는 시간도 정신적 충족으로 이어지는 소비이다.

필요하지 않은 소비

지금까지의 내용을 정리하면, '필수적이지 않은 소비'에는 두 가지 유형이 있다. 첫 번째는 교류적 가치를 창출하기 위한 ① '외부 자극을 받아 필요에 따라 이루어지는 소비'이며, 두 번째는 ② '소비한 사용가치를 통해 정신적 충족으로 이어지는 소비'이다. 생존이라는 목적이 이미 달성된 현대 소비사회에서, 우리는 오히려 '필수적이지 않은 것'을 열정적으로 소비하고 있다.

그중 소비가 직접적인 효용을 채우는 것이 아니라, 교류를 위한 소재로서 요구되는 ① '외부 자극을 받아 필요에 따라 이루어지는 소비'는, 그 소재를 이용해 '커뮤니케이션을 할 수 있는 상태가 되는 것'을 목표로 한다.

3장에서 '콘텐츠를 본 상태가 되어 있는 것'이라는 목적을 달성하기 위한 수단으로 예를 들었지만, 콘텐츠를 꼼꼼히 시청하는 데는 시간과 비용이 많이 들기 때문에 타이퍼가 나쁘다. 반면 줄거리나 스포일러로 내용을 아는 것은 타이퍼가 좋다. 그 소비로서 직접적인 충족을 얻을 수 없기 때문에, 시간과 노력의 감소가 요구되며, 세상에서 시간 단축 외의 타이퍼 측면은 대체로 ① '외부 자극을 받아 필요에 따라 이루어지는 소비'라고 할 수 있다.

반면 ② '소비한 사용가치를 통해 정신적 충족으로 이어지는 소비'는 타인의 의견을 고려하지 않고 생기는, 주체적인 소비이다. 타인이 아무리 쓸데없는 소비라고 생각해도 자신이 가치를 찾을 수 있다면 그걸로 충분하다. 그래서 타이퍼를 신경 쓰지 않고 그 소비 대상에 몰두하거나, 경우에 따라서는 가성비조차 고려하지 않는 경우도 일반적이다.

① '외부 자극을 받아 필요에 따라 이루어지는 소비'는 욕구의 충족이 타자(사회)의 존재에 의해 발견되기 때문에, 소비의 사용가치가 중요시되지 않는다. 이는 본래 필요하지 않지만, 교류를 위한 도구로서 어쩔 수 없이 소비되는 '필수적이지 않은 소비'이며, 소비자 본인에게도 반드시 필요'하지 않은 소비'이다.

따라서 소비자가 합리적으로 행동한다면, 소비에 대해 소중함이나 애정을 느낄 수 있는 ② '소비한 사용가치를 통해 정신적 충족으로 이어지는 소비'의 우선순위가 높아야 하지만, 실제로 꼭 그런 것만은 아니다.

SNS의 보급으로 인해 우리는 매일 크고 작은 유행이 생겨나고 있음을 알게 되며, 친구들과 공유하기 위해 크게 관심이 없어도 그것을 소비하는 데 열심이 된다. 게다가, 커뮤니케이션을 목적으로 한 콘텐츠 소비와는 별도로, 광고나 매스 미디어의 정보에 자극을 받아 시작한 스마트폰 게임이나, 무료라는 점만 매력인 만화 앱, 습관적으로 보는 드라마 등, 자신이 정한 목표를 달성하기 위해 소비해야 하는 콘텐츠를 소화하는 데 집중함으로써 '필요하지 않은 소비'가 일상화되는 경우도 있다.

그 결과, '오시카츠'를 비롯한 자신에게 유일무이한 가치의 소비조차 일상화된 '필요하지 않은 소비' 속에 묻히고 소홀히 다뤄지게 된다. 물론 타인과의 교류나, 사회 동향을 따라가는 것도 자신의 건강에서 사회적 충족감을 추구하는 데 도움이 된다. 또한 이러한 연결이 주는 평온함이 정신적 충족으로 이어지는 것도 사실이지만, '교류적 가치'를 매개로 하지 않더라도 직접 자신의 정신적 충족으로 이어지는 유일무이한 소비는 소중히 다뤄져야 한다.

모멘트 소비

하지만 이런 말을 굳이 하지 않아도 우리는 자신에게 무엇이 중요한지 알고 있다. 커뮤니케이션(교류적 가치)을 위해 배속 시청을 하거나, 몰아보기 영화를 시청하거나, 스포일러 사이트를 보더라도 자신이 기대하던 영화나 계속 구독해 온 만화의 신간은 절대 스포일러를 당하려 하지 않는다. 좋아하는 화가의 갤러리에 가서 기념으로 엽서를 사고, 좋아하는 소설가의 출생지(성지)를 방문하면 이미 가지고 있는 문고본을 재구매하기도 한다.

양보할 수 없는 것을 우리는 계속 기다리고, 그것을 사는 장소에서도 의미를 찾고, 그것을 산 곳에서 기념사진을 찍고 SNS에 올리고 소중히 보관한다. 소비자는 소비 과정 전체가 중요하다는 점을 의식하고, 그 소비에서 생기는 이야기를 소중히 여긴다.

3장에서, 젊은이들이 자신에게 특별한 것을 소비하는 의지를 두고 '오타쿠 활동'이라고 표현한다고 언급했지만, 일반적으로 우리는 정신적 충족이 이루어지는 소비 대상을 소비하는 행위가 실제로 이루어지는 동작 그 자체를 강하게 의식하고 있다.

이러한 소비를 이 책에서는 '그 소비의 순간을 소중히 한다'라는 의미로 '모멘트 소비'라고 부르겠다. 타이퍼를 추구하며 소비되는 즉석적이고 즉시적인 '패스트 교양'이나 '패스트 경험'과는 대조적으로, '모멘트 소비'는 소비 과정조차도 중요시하며 소중히 할 수 있는 대상을 소비하는 것이다.

둘 다 동일하게 '필수적인 것이 아닌 소비'이지만, 한쪽은 소비에 대해 타이퍼를 추구하며 소비 과정을 간소화하는 경향이 있는 반면, 다른 쪽은 수고를 아끼지 않고 그 대상의 소비 과정조차도 자신을 만족시키는 요소가 되어, 정반대의 성질을 가지고 있다.

SNS에서 가속되는 타이퍼 지향

시간은 한정되어 있고, 돈으로 살 수 없는 가치가 있다. 또한 그 돈 역시 한정적이며, 지출할 수 있는 금액에는 한계가 있다. 버블 시기처럼 물 쓰듯 낭비하던 시대나 인터넷과 SNS가 보급되기 전의 정보 출처나 정보량과 비교하면, 돈을 쓰는 데 소극적이 되며, 시간을 소비하고 싶은 대상도 방대하기 때문에 더욱 보수적으로 변해 간다.

현대 소비자가 소극적으로 변하는 이유는, 돈이나 시간을 들여 '써 봤지만 재미없었다', '도움이 되지 않았다'라는 소비 결과가 나왔을 때, 소비를 통해 '손해가 발생했다'라고 재해석하고, '손해 보지 않는 것'을 소비를 결정할 때 큰 지표로 삼기 때문이다.

더불어, SNS는 다양한 가치관을 가시화하여 이전에는 사회적으로 받아들여지지 않았던 생각이나 사상, 가치관도 쉽게 받아들일 수 있는 토양을 만들었다. 그러나 기존의 가치관에 의문을 제기하기 쉽게 만들기도 했다.

이는 긍정적인 측면도 있지만, 한편으로는 기존의 가치관에 별다른 의문을 가지지 않는 보수적인 사용자에게도 이러한 게시물이 도달할 수 있게 만들어, 아무런 의문도 없었던 자신의 가치관이나 우선순위에 의문을 갖게 할 수 있다.

예를 들어 '결혼은 코스퍼가 나쁘다'라거나 '대학교에 가는 것은 타이퍼(시간 효율성)가 나쁘다'라는 내용을 영향력 있는 사용자가 게시하여 널리 그 가치관이 퍼지면, 리트윗(현재 리포스트)이나 '좋아요' 수, 댓글 수 등을 통해 많은 사람들이 그 생각에 동의하는 것처럼 보일 때, 자신이 소수파라는 느낌을 받을 수도 있다.

트위터의 경우, 일반적으로 '버즈(buzz)'로 여겨지는 기준은 1~3일의 짧은 기간 동안 1만 개 이상의 리트윗과 '좋아요' 수를 얻는 것이다.[1] 실제로

---

1 "트위터가 떡상한 후에 바로 대응해야 할 다섯 가지 일과 주의해야 할 점", PR TIMES,

이러한 생각을 가진 사람이 세상 전체의 단 몇 퍼센트에 불과하더라도, 리트윗 수가 1만을 넘어서면 '정말 화제가 되고 있구나', '공감 받고 있구나'라고, 마치 그것이 대중의 공통된 의견인 양 착각하게 되는 것도 어쩔 수 없다. SNS에 몰두하며 생활하거나, SNS가 정보의 주요 출처가 된다면 더욱 그렇다.

다수로부터 공감 받고 있다는 착각은 자신의 가치관이나 우선순위에 의문을 가지게 하는 데 충분한 이유가 될 것이다. 그 와중에, 타이퍼나 코스퍼를 지나치게 추구하는 경우가 미덕처럼 SNS에서 다루어진다면, 그 대상을 소비하는 데도 의문을 갖는 계기가 될 수 있다.

정말 새로운 가치관으로 납득이 되어 자신의 지침이 된다면 아무 문제가 없겠지만, '대다수가 그렇게 생각하니까', '대다수가 그렇게 하니까'라는 이유로 자신의 가치관에 의문을 갖는 태도는 합리적이라고 할 수 없다.

또한 소비에서 손해를 보고 싶지 않다는 지향은 '답을 빨리 알고 싶다', '지름길이 필요하다'라는 감정을 낳으며, 이러한 감정은 현대 소비사회의 흐름이 되어 가고 있다.

이 책에서 언급한 타이퍼의 대명사는 몰아보기 영화나 스포일러 영상뿐만 아니라, 다른 사람의 리뷰를 찾아보고 구매를 결정하거나, 트위터의 답글란에 넘쳐 나는 누군가의 보충 정보를 참고하거나, 유튜브 댓글을 보고 하이라이트나 영상의 줄거리를 찾으려고 하는 행위이다.

―――――

2021년 5월
https://prtimes.jp/magazine/buzz-management/

사람들은 정보가 모여 있기를 기대하고 있으며, 누군가가 기대에 부응해줄 것이라는 점도 알고 있다. 이와 같은 방식으로 우리는 일상적으로 '먼저 답을' 구하고, 소비에서의 실패 위험을 피하려고 한다.

인스턴트 공감

예를 들어, 요즘에는 극단적인 성공 사례나 라이프스타일을 마치 보편적인 정답인 것처럼 단언하는 계정이 늘고 있다. 그들의 성공을 부정하지는 않지만, 어디까지나 그것은 당사자가 성공한 한 가지 사례에 불과하며, 그 경험을 무책임하게 다른 사용자들에게 권하고 있을 뿐이다. 하지만 빠르게 답을 알고 싶어 하고, 지름길을 찾고자 하는 소비자가 많기 때문에, 이러한 계정에 대한 수요가 높아지고, 타이퍼 지향의 소비자들에게 호소한다.

편리한 정보가 쉽게 손에 들어오는 시대이기 때문에, 겉으로 보이는 타이퍼만 생각한다면, 출처를 알 수 없는 자칭 인플루언서가 가공한 정보로도 충분할지 모르지만, 본래는 신빙성이나 정보의 품질, 정보의 진의 등 '1차 정보'에서만 얻을 수 있는 것들도 많다. 그러나 그 정보에 보편성이 있든 없든, 게시자가 정말로 그 분야의 전문 지식을 갖추고 있든 아니든, 노력을 들이지 않고 뭔가를 한 것 같거나 알게 된 듯하다면 그로써 충분하다.

따라서 노력을 들이지 않고 정보를 얻을 수 있고 그 정보가 어떤 지름길이나 정답이라면, 타이퍼가 좋다고 느껴 그 계정이나 정보 제공 방식이 지지를 받게 된다. 또한 다양한 SNS 게시물에서 자신의 감상이나 의견과 생각이 비슷한 사람을 찾아 공감이나 귀속 의식을 즉석에서 얻으려 하거나, 불법 업로드된 동영상에 '고맙습니다'라는 메시지와 함께 자신의 의견을 공유하거나, 유명인의 부고 소식을 접하면 다른 사람들의 애도 메시지를 읽으며 자신도 슬픔에 빠지는 경우가 있다.

4장에서 설명했듯이, 우리는 확고한 커뮤니티에 속해 있지 않더라도 '연결될 수 있다'라는 공동체 의식을 통해 귀속감을 충족할 수 있게 되었다. 일상생활 속에서 갑작스럽게 찾아오는 스포츠 이벤트나 파티 등에서 순간적으로 느끼는 흥분이 사람들의 집단 귀속감의 원천이 되고 있으며, 이러한 감정을 '카니발화'라고 부른다.

이렇게까지 SNS가 보편화된 사회에서는, 카니발화에서도 실질적인 소비나 이동, 모임 없이도, SNS상의 흥분을 통해 공감하거나 감동하거나 귀속감마저도 충족할 수 있다. 사람들의 사회적 충족감조차도 타이퍼의 측면에서 엿볼 수 있는 것이다.

산다는 것은 타이퍼가 나쁘다

소비자의 '손해 보고 싶지 않다'라는 가치관에 대해, 외부에서 오는 자극은 '정답을 알고 싶고, 지름길이 필요하다는 수요의 가속화', '쓸데없는 것은 나쁘다', '정보의 신빙성보다는 다수의 지지 여부를 중시한다'는 경향을 강화한다. 최근에는 앞서 언급한 것처럼, 대학·연애·결혼·육아 및 이에 따른 이벤트에 대해 '타이퍼'나 '코스퍼'가 나쁘다는 의견도 종종 보인다.

물론 혼자 살면 비용도 시간도 1인분이지만, 타인과 생활하는 데는 비용이 더 든다. 또한 대학을 단순한 취업 준비 기관으로 본다면 입사 후의 급여를 과거 세대의 수준만큼 기대할 수 없는 경우, 4장에서 언급한 것처럼 열심히 일하고 열심히 벌고 충분히 쉬는 원양 어업과 같은 근무 방식이 타이퍼가 좋고, 대학 진학이 타이퍼나 코스퍼가 나쁘다고 판단되어도 어쩔 수 없을 것이다.

독자 여러분도 느끼고 있겠지만, 애초에 삶이란 타이퍼나 코스퍼가 나쁜 경우가 많다. 그러나 그렇기 때문에 예측할 수 없는 연속성을 헤쳐 나가는 것 자체가 인간다움이며, 살아가는 숙명이라고 생각한다.

물론, 이런 생각을 가질 수 있는 것은 자신이 생리적으로나 정신적으로 충족되어 있기 때문이며, 다양한 이유로 그와 같은 환경에 처해 있지 않은 사람들에게는 이런 생각이야말로 그저 듣기 좋은 소리일 뿐이라는 것을 충분히 이해하고 있다.

한편 돈만 있다면 우리 주변의 일들은 대부분 효율화할 수 있고, 도구적 가치나 기능적 가치에 지출함으로써 자신의 노동을 도구나 서비스에 위탁할 수 있다. 시간에 쫓기는 생활 속에서 시간을 단축하거나 노력을 덜 수 있다면, 이를 충분히 활용하고 가능한 한 자신의 시간을 만들어야 한다.

또한 '어떤 상태가 되는 것'을 목표로 하거나, '한 것처럼' 느끼거나, '빠른 경험'을 추구하거나, 타인에게 자신이 무엇(오타쿠)인지 드러내는 데 집중하는 등, 교류적 가치를 추구하는 과정에서는 '필요하지 않은 것'이 소비된다. 이러한 소비는 주체적으로 이루어지지 않기 때문에 타이퍼가 요구된다.

이 역시, 몰아보기 영화와 같은 저작권을 침해하는 불법 행위를 제외하면, 그들의 목적은 소비로 인한 직접적인 효용이 아니라, 각자의 목적을 달성하기 위한 수단에 불과하므로, 거기에 굳이 시간과 비용을 들이지 않고 타이퍼를 추구하며, 그렇게 절약된 시간이 자신을 위해(예: 정신적 충족에 이르는 소비) 사용된다면, 시간을 절약한 것에 의미를 부여할 수 있을 것이다.

그러나 들이는 노력 내지 시간의 단축이든 '필요하지 않은 것'의 소비이든, 무엇을 얼마나 어떻게 어느 정도의 비용을 들여 타이퍼를 추구할지는, 경제력·시간 여유·신체적 능력 등 그 사람이 처한 환경(상태)과 그 사람이 소비에 대해 '타이퍼'를 추구할 필요성을 느끼는지 그렇지 않은지의 여부라는 두 가지 요건과 관련이 있다.

세탁기를 사용하지 않고 빨래를 하거나, 다이어트에 시간을 들이거나, 원래 관심이 없는 드라마를 추천 받아 전편을 시청하는 행위 등, 그에 대해 얼마나 노력할 것인지, 얼마나 효율화를 목표로 할 것인지는 항상 소비자 쪽에 주도권이 있다.

다시 말해, 타이퍼나 코스퍼를 추구하는 데도 소비자에게 결정권이 있다. 그렇기 때문에 오타쿠 활동에서 관심 대상 전체를 소비하는 것이 아니라, 수고와 비용을 줄이는 선택을 할 수도 있고, 절약한 만큼 직접 현장에서 그 순간을 만끽하는 결정을 할 수도 있다. 또한 앞서 말했듯이 양보할 수 없는 것에 대해서는 소비 과정까지 포함해서 중요한(특별하게 여기는) 것임을 인식하고, 그 소비에서 생겨난 이야기를 소중히 하고 싶은 것이다.

누구를 위하여 타이퍼를 추구하는 것일까

우리는 '낭비되는 시간을 줄이고 싶다'라고 생각할 때도 있고, '흘러가는 시간을 조금이라도 더 붙잡고 싶다'라고 생각할 때도 있다. 도쿄와 오사카 사이를 이동할 때, 완행열차를 이용하든 신칸센을 이용하든 목적은 달성되지만, 이동할 때 드는 낭비 시간을 줄이면 줄일수록 여유가 생기고, 그 시간을 다른 일에 사용할 수 있다.

반면 여행이나 휴일, 좋아하는 사람과의 데이트나 수면 시간까지, 자신에게 편안한 시간에 대해서는 '이 시간이 더 계속되었으면 좋겠다'라고 생각하며 시간이 지나가는 것을 아쉬워한다.

사회학자 스즈키 겐스케는 이러한 소비와 관련된 시간 중에서 소비자에게 무가치한 시간을 최대한 줄임으로써 시간의 가치를 높이는 것을 '감산 시간 가치', 가치 있는 시간을 최대한 늘림으로써 시간의 가치를 높이는 것을 '가산 시간 가치'라고 부른다.

가사나 노동을 효율화하는 타이퍼나, 어떤 상태가 되기 위해 이루어지는 '필요하지 않은 것의 소비'에 대한 타이퍼 추구는 감산 시간 가치의 추구이며, 필수적이지 않은 소비 중에서도 '모멘트 소비'나 정신적 충족으로 이어지는 오타쿠 활동과 같은 소비는 가산 시간 가치의 추구라고 할 수 있다. 시간을 줄이고 싶은지 늘리고 싶은지라는 단순한 이야기일 뿐인데도, 정신적 가치와 함께 사회적 충족감을 추구하는 우리는 정보 공동체에서 살아남기 위해 정보 강자가 될 필요도 있기에 '필요하지 않은 것의 소비'를 하기 위해, 본래는 가산 시간 가치의 대상인 것에 대해서도 타이퍼를 추구한다.

안타깝게도, 손에 언제든지 대량의 정보를 추적할 수 있는 기기가 있기 때문에, 사람과 연결되기 위한 정보를 끊임없이 탐닉할 수 있다. 그 때문에 소중한 사람과 함께 시간을 보내는 순간에도 그 사람의 얼굴이 아닌 화면을 바라본다. 고독해지지 않기 위해 정보를 얻는데, 그 정보를 수집하느라 오히려 고독해지고 있다. 이 얼마나 비합리적인가.

또한 타이퍼나 코스퍼에 의해 효율화나 절약이 강하게 의식되지만, 그로써 절약된 것들(시간, 돈)은 자신의 정신적 충족을 위해 사용되어야지, 결코 '필요하지 않은 것'을 소비하기 위해 '필요하지 않은 것의 소비'를 효율화하는 일은 합리적이라고 할 수 없다.

우리는 그 절약된 것들로, 최고의 순간에 돈을 쓰거나, 소중한 사람과 보내는 시간을 늘리거나, 천천히 자신이 좋아하는 것과 마주하고 싶은 것이 아닌가.

물론 앞서 말했듯이, 인생에서 다양한 라이프 이벤트나 소중한 사람과의 시간은 타이퍼나 코스퍼가 나쁜 것처럼 보일 수도 있고, 실제로 SNS로 인해 그렇게 생각하는(착각한) 사람들이 많은 것처럼 보일 수도 있다.

그러나 아무리 그럴듯한 이유가 나열된다 해도, 주도권을 쥔 사람은 당신이다. 천천히 연애하고 싶다면 그렇게 하면 되고, 혼자 있는 것보다 타이퍼나 코스퍼는 나쁠지도 모르지만 결혼이나 육아를 통해 소중한 가족이나 추억을 만들 수 있다. 결혼식도 단 몇 시간 만에 끝나 버릴지 모르지만, 어릴 때부터 동경해 왔다면 인생을 걸고 해 보고 싶었던 꿈을 이룰 수 있고, 가능한 한 자신의 이상을 추구해야 한다.

대학도 마찬가지이다. 필자도 대학과 대학원을 12년이나 다녔기 때문에 타이퍼는 엄청나게 나빴을지 모르지만, 그곳에서 연구하던 시간이 인생에서 가장 충실했던 시기였다. 그리고 그 시절이 있었기에 지금 이 책을 쓰고 있다.

"그 소비가 도대체 무슨 도움이 되는데?"라며 소비가 만들어 내는 결과에 대해 실익을 너무 따지는 사람도 있지만, 소비의 중심은 어차피 '필수적이지 않은 소비들'뿐이다.

그러므로 "대학에 가서 뭐 할 건데?", "결혼식을 올려서 무슨 의미가 있지?"라고 하며 다른 사람들이 소비를 통해 얻을 수 있는 것에 대한 답을 요구하는 데 신경 쓰거나, 눈앞의 비용 대비 효과나 다른 사람의 가치관에 휘둘리는 일은 '누구를 위해 타이퍼를 추구하는가', '누구를 위해 소비하고 (살아가는가)'라는 이야기 그 자체이다.

자신에게 정신적인 충족이 된다면 소비해야 하고, 자신에게 중요한 이벤트이거나 이루고 싶은 꿈이라면 다른 사람들이 뭐라고 하든 추구해야 한다. 그런 소비를 늘리기 위해, '필요하지 않은 것의 소비'에 대한 소비를 효율화하는 것이야말로 현대 소비사회에서 타이퍼를 추구하는 의의이다.

여기까지의 정리 ❸

타이퍼에는 다음과 같은 세 가지 성질이 있다. ① 시간 효율, ② 소비 결과에 따른 투자 시간의 평가(주로 소비 후), ③ 수고를 들이지 않고 어떤 상태에 도달하는 것(주로 소비할 대상을 검토할 때의 지표). 현대 소비사회에서는 보통 ①과 ③이 타이퍼론(論)의 초점이다.

소비에서는 '필요하지 않은 것의 소비'가 중심이며, 교류적 가치의 창조가 목적인 ① '외부 자극을 받아 필요에 의해 이루어지는 소비', ② '소비한 사용가치에 의해 정신적 충족으로 이어지는 소비'가 추구된다. 정신적 충족으로 직접 이어지지 않는, 외부 자극에 의해 필요에 따라 이루어지는 '필요하지 않은 것의 소비'에는 타이퍼가 추구되며, 패스트 영화나 영상 배속 시청 등으로 콘텐츠가 소화되는 경향이 있다. 그러나 다른 사람의 SNS 게시물이나 '필요하지 않은 것의 소비'에 쫓기다 보면, 자신의 유일무이한 가치인 정신적 충족으로 이어지는 소비나, 소중한 사람과의 소비, 중요한 인생 이벤트 등도 타이퍼 지향으로 흐르기 쉽다.

소비는 사람을 풍요롭게 한다. 교류적 가치의 추구도 마음을 풍요롭게 하긴 하지만, 소비를 매개로 만족을 얻기 때문에 그것만으로는 충족할 수 없고, 기대했던 커뮤니케이션의 소재로 소비해도 그 기대가 어긋나는 경우도 있다.

정말로 당신을 만족시키는 것은 '필요하지 않은 것의 소비'가 아니다. 그리고 당신이 원하는 것은 당신만이 알고, 알 수 있다. 자신에게 필요한 것을 소중히 하기 위해, '필수적이지 않은 것'에는 타이퍼나 코스퍼를 추구하고, 효율화를 목표로 하는 것이야말로 현대 소비사회를 잘 살아가는 방법이다.

이 책이 독자 여러분에게 무엇이 중요하고, 무엇이 '필수적이지 않은지', 스스로를 돌아보는 계기가 될 수 있다면 기쁠 듯하다.

뭐든지 타이퍼나 코스퍼를 추구하는 것이 합리적일 수는 있지만, 그렇게만 한다면 역시 재미가 없다. 영양을 충분히 섭취할 수 있다고 해도, 어차피 먹는 거라면 맛있는 식사로 자신을 만족시키고 싶지 않은가?

이렇게 단순한 예라면 굳이 설명하지 않아도 이해할 수 있겠지만, 비용이 들거나 소비 결과의 성공 여부를 객관적으로 판단하기 어려운 경우에 대해서는, 소비에서 손해 보고 싶지 않아서 효율성을 추구하는 경우가 많을 것이다.

하지만 당신이 좋아하는 것은 당신만이 알 수 있고, 그것은 오직 당신만의 가치가 된다.

필자는 오랫동안 '소비'를 연구해 왔지만, 항상 잊지 않으려고 하는 것이 있다. 그것은 1장에서 언급한 바와 같이, '소비는 즐겁다'라는 사실이다. 효율성과 합리성을 중시하고, 소비의 내용이 간소화되면 '즐거움'은 감소한다. 자신이 즐겁다고 느끼는 소비, 자신에게 치유가 되는 소비는 소중히 여기고 싶다.

글을 마치며

    콘텐츠가 넘쳐 나는 현대 사회에서 군이 타이퍼가 나쁜 '책'을 끝까지 읽어 줘서 매우 감사드립니다.

    이 책의 출판 기획을 제안 받은 시기는, 마침 저의 첫 저서『그 신입사원은 왜 환영회에 참가하지 않는 걸까: Z세대를 읽는다(あの新入社員はなぜ歓迎会に参加しないのか: Z世代を読み解く)』의 원고를 탈고한 무렵이었고, 연달아 책을 출판할 수 있을지도 모른다는 작은 희망에, 두근거리는 가슴으로 센다가야에 있는 겐토샤(幻冬舎) 본사까지 기획 회의를 하러 간 기억이 있습니다.

    2022년 11월에 타이퍼 시장을 총괄한 보고서를 발표했기 때문에, 타이퍼에 대해서는 더 이상 언급할 일이 없으리라 생각하고 있었습니다. 몰아보기 영화 문제로부터도 어느 정도 시간이 지난 상태였고, 앞서 언급한 이나다 도요시 씨의 책도 있어서 타이퍼는 충분히 고찰된 주제라고 인식했기 때문입니다.

    그러나 보고서에 관해 예상보다 훨씬 반향이 컸고, 미디어로부터 취재나 집필 의뢰, 최종적으로는 책 출판이라는 큰 이야기까지 흘러들어 왔습니다. '청천벽력' 같은 전개였다고 할 수 있습니다.

출판 기획 회의를 통해 왜 같은 타이퍼에 대한 논의가 반복되고 있는지, 무엇이 타이퍼 논의를 복잡하게 만들고 있는지가 명확해졌습니다.

그 범인은 바로 타이퍼의 정의였습니다. 정의가 너무 모호해서, 시간을 단축시키는 모든 것을 '타이퍼'로 표현하는 것이 현재 상황입니다. 손빨래를 세탁기에 돌려 시간을 절약하는 것도 '타이퍼', 보지도 않았는데 본 것 같은 상태가 되려고 몰아보기 영화를 소비하는 일도 모두 '타이퍼'입니다. 이러니 와이드 쇼에서 타이퍼 특집이라고 하면서 젊은이들의 배속 동영상 시청 이야기와 "냉동식품이 타이퍼를 지향하는 소비자들에게 지지 받고 있습니다!"라는 산만한 논의가 동시에 이루어지는 것도 어쩔 수 없습니다.

이 책을 쓰면서 타이퍼의 정의 내리기를 최우선 과제로 삼았고, 타이퍼가 추구되는 목적을 소비문화의 관점에서 가능한 한 깊이 파헤쳤습니다. 정의를 내리는 데 있어 목적의 차이를 분명히 이해시키기 위해 극단적인 표현을 사용한 부분도 있었을지 모르지만, 어쨌든 저는 독자 여러분에게 '합리성' 이외의 목적을 가진 타이퍼가 존재하며, 우리가 무의식적으로 그것을 추구하고 있다는 것을 알리고 싶었습니다.

입이 닳도록 강조했던 '손쉽게 ○○한 상태가 되는 것'이라는 타이퍼의 정의가, 몰아보기 영화를 계기로 주목 받게 된 최근 타이퍼 붐의 본질입니다. 앞으로 독자 여러분이 '타이퍼'라는 단어를 접할 때, 합리성과 동시에 이 정의도 떠올린다면, 이 책을 쓴 보람이 있다고 할 수 있을 것입니다.

마지막으로, 언제나 저를 지지해 주고 인생을 마음껏 즐기도록 해 주는 가족, 연구가 어려울 때 함께 해결책을 모색해 주시는 가와하라 아사코(河原

麻子) 선생님, 사소한 대화를 통해 새로운 깨달음과 발견을 주는 다케우치(武內) 군, 자유롭게 일할 수 있는 환경을 제공하고 연구를 장려해 주시는 데지마 쓰네아키(手島恒明) 사장님, 때로는 크게 칭찬하고, 때로는 "아직 더 할 수 있잖아"라며 질타하고 격려해서 저의 자기 긍정감을 높여 주시는 스즈키 야스시(鈴木寧) 부장님을 비롯해, 닛세이 기초연구소의 모든 분들께 감사의 말씀을 전하고 싶습니다. 무엇보다도, 제 원고에 공감하고 함께 이 책을 만들어 준 겐토샤의 코바야시(小林) 씨께 진심으로 감사드립니다.

지은이 ╱ 히로세 료 廣瀬 涼

닛세이 기초연구소 생활연구부 연구원. 대학원 박사과정을 거쳐 2019년 닛세이 기초연구소에 입사했다. 전공은 현대소비문화론이다. '오타쿠의 소비'를 주요한 테마로 10년 이상 오타쿠의 소비욕구 원천을 연구해 오고 있다. 현재는 자신의 경력을 살려 젊은이(Z세대)의 소비문화에 대해 연구를 행하고 있으며, 강연 및 각종 미디어에 발표를 실시하고 있다. NHK '오하요 일본', 테레비아사히 '핫토리 신이치 모닝쇼', TBS테레비 '마츠코가 모르는 세계' 등에서 젊은 세대 오타쿠 문화에 대해 제작 협력을 했으며, 저서로는 『그 신입사원은 왜 환영회에 참가하지 않는 걸까: Z세대를 읽는다』가 있다. 디즈니 오타쿠이다.

옮긴이 ╱ (주)애드리치 마케팅전략연구소

시장과 소비자에 대한 철저한 분석과 다양한 사례 연구를 통해 기업이 당면한 과제에 대한 마케팅 솔루션을 제공하고 있다. 특히 미국, 일본 시장의 전문가를 중심으로 실전 경험이 풍부한 우수한 플래너들이 국내뿐만 아니라 글로벌 마케팅 전략과 방법론을 제시한다. 급변하는 시장 환경에 맞춰 유연성을 가진 마케팅 실행 시스템을 개발하고 있으며, 소비자와 사회 트렌드를 지속적으로 주시하면서 성향 분석과 잠재 니즈 개발에 힘쓰고 있다.
_www.adrich.co.kr

Z세대의 소비경제학

지은이 **히로세 료** ｜ 옮긴이 **(주)애드리치 마케팅전략연구소**
펴낸이 **김종수** ｜ 펴낸곳 **한울엠플러스(주)** ｜ 편집 **배소영**

초판 1쇄 인쇄 **2024년 11월 7일** ｜ 초판 1쇄 발행 **2024년 11월 14일**

주소 **10881 경기도 파주시 광인사길 153 한울시소빌딩 3층**
전화 **031-955-0655** ｜ 팩스 **031-955-0656** ｜ 홈페이지 **www.hanulmplus.kr**
등록번호 **제406-2015-000143호**

Printed in Korea.
ISBN **978-89-460-8342-4 03320**

* 가격은 겉표지에 표시되어 있습니다.

수익 다양화 전략
이익이 나지 않는 시대에 이익을 만드는 방법

- 가와카미 마사나오 지음 | (주)애드리치 마케팅전략연구소 옮김
- 2022년 11월 1일 발행 | 국판 | 280면

가치창조와 이익혁신이 기업을 먹여살린다

비즈니스 혁신을 실현하는 '30가지 가치획득' 사례와 '8가지 이익화 로직'

국제적인 경기 침체는 현재 진행 중이다. 기존의 비즈니스 모델로는 성장성과 지속 가능성을 기약하기 어려워졌고, 이에 기업들은 미래를 위해 꾸준히 이익혁신을 이뤄야 할 필요가 생겼다.

일본의 비즈니스 모델과 수익화 전략 분야의 전문가 가와카미 마사나오(川上昌直) 교수는 이익혁신과 관련해 30가지 가치획득 선례를 제시·분석하고, 더 많은 수익을 획득하기 위해 힘쓰는 기업들을 위해 자신이 고안해 낸 이익 혁신을 이루는 '이익 로직' 8가지를 제시한다.

어떤 기업이든 가치획득은 중요하다. 변화에 끝은 없다는 사실을 기억하고, 역동적인 비즈니스 모델을 설계해 가치를 창조해 내면 수익화 전략에 유리한 고지를 차지할 수 있을 것이다.

위드 코로나 시대 마케팅 포인트 40
"주목해야 할 것은 시대의 변화가 아니라 고객의 변화다"

- 아다치 히카루·니시구치 가즈키 지음 ㅣ (주)애드리치 마케팅전략연구소 옮김
- 2021년 10월 29일 발행 ㅣ 국판 ㅣ 208면

'소비자'라는 변하지 않는 본질
과거에도, 팬데믹 시대에도, 미래에도, 우리에게는 끊임없는 전략 수정과 대비가 필요하다

코로나19는 빠르게 변화해 나가는 고객의 심리와 니즈를 시시때때로, 면밀히 살피는 것이 중요하다는 사실을 기업가와 마케터에게 다시금 일깨워 주고 있다.

이 책은 여러 가지 마케팅 사례를 제시 및 분석하면서, 고객 행동의 빠른 변화를 실시간으로 살피고 적절한 대응을 해 나가는 것에 전념해야 함을 특히 강조한다.

아무도 경험하지 못했기에 미래에 대해 아무도 답을 말해 줄 수 없는 오늘날, 이 책은 기업의 지속 가능성을 고민하는 기업인과 마케터에게 새로운 세상에서 새로운 기회를 찾을 수 있는 힌트가 될 것이다.

피터 드러커가 가르쳐주는
사람 중심의 경영 7원칙

- 무라세 코스케 지음 | (주)애드리치 마케팅전략연구소 옮김
- 2020년 10월 30일 발행 | 국판 | 200면

가치를 실현하고 조직을 발전시켜라!
기업과 구성원을 풍요로 이끄는 사람 중심의 리더십

건강한 조직과 성장해 가는 기업을 위해서는 '사람 중심의 경영'이 필요하다.

이 책은 피터 드러커의 경영 철학과 저자의 경험을 토대로 어떻게 해야 "조직 구성원으로 하여금 눈에 보이는 성과와 마음의 성과를 거두고 기업의 성장과 발전에 기여할 수 있게 하는지"를 일곱 가지 원칙을 통해 알려준다.

경영의 참된 의미를 이해하고 리더로서의 가치가 무엇인지 인식할 수 있게 해주는 이 책은 또한 사람 중심의 경영이 어떻게 경영자의 리더십을 강화하고 조직 구성원과 하나가 될 수 있도록 만들어주는지 알려주는 유용한 자료가 될 것이다.

소비자의 행동을 디자인하는 마케팅
이렇게 하면 소비자가 움직인다

- 하쿠호도 행동디자인연구소·구니타 게이사쿠 지음 ㅣ (주)애드리치 마케팅전략연구소 옮김
- 2019년 10월 30일 발행 ㅣ 변형신국판 ㅣ 264면

행동디자인으로 미래를 발명하다!
제품 카테고리가 아니라 소비자의 '행동'을 기반으로 마케팅을 설계하라!

일반적으로 제품 마케팅은 모든 것을 제품의 문제로 여기고 제품에서 답을 찾으려고 한다. 그러나 오늘날 많은 문제는 제품 외부에 있다. 품질에 심혈을 기울여 최선을 다해 만든 제품을 두고 소비자는 '차이를 잘 모르겠다', '아직은 구매할 때가 아니다'와 같은 '제품 외부'의 이유로 구매하지 않는다.

이 책은 마케팅의 출발점을 제품이 아닌 제품 외부에서, 즉 소비자의 '행동'에 두라고 역설한다. 제품을 생각하면 나오지 않는 답이 소비자의 '행동'을 보면 보인다.

이 책은 6단계의 행동디자인 설계법과 18가지의 마케팅 기술을 제시하면서 발상 전환을 통한 미래지향적 마케팅을 제시한다.